DR. MARK JONES

ESTAR
CON
JESÚS
365

DEVOCIONAL

UN VIAJE GUIADO A TRAVÉS DE LA
EXPERIENCIA DE ADORACIÓN DE 40 DÍAS

Estar con Jesús 365 Devocional
© 2023 por Mark Jones

Publicado por Grafo House Publishing | Guadalajara, México
en colaboración con Jaquith Creative | Tulsa, Oklahoma

ISBN 978-1-963127-01-0

Una versión de esta devocional está disponible en la plataforma de la
aplicación bíblica YouVersion bajo el título "Experiencia de Adoración de 40
Días" por Mark Jones. Visita youversion.com/the-bible-app/ para obtener
más información.

Printed in the United States of America
26 25 24 23   1 2 3 4

INTRODUCCIÓN

Bienvenido a la Experiencia de Adoración de 40 Días, una experiencia personal y transformadora en la presencia de Dios cada mañana. Te animo a encontrar un espacio tranquilo para estar a solas con el Señor durante quince minutos cada mañana. Todo lo que necesitas es tu Biblia, música de adoración y un diario (ya sea físico o electrónico) para anotar tus pensamientos.

Estos pensamientos devocionales están diseñados como un punto de despegue para tu tiempo con el Señor. Úsalos de la manera que mejor funcione para ti cada mañana. No existe una fórmula, ni un conjunto de reglas, ni ninguna manera correcta o incorrecta de hacerlo. Este es tu tiempo para estar con Dios.

A medida que pases tiempo con el Señor cada mañana, creo que descubrirás una relación fresca y creciente con Él que transformará cada área de tu vida. ¡Estoy emocionado de que comiences!

—Dr. Mark Jones

DIA 1

Las relaciones siempre se cultivan con el tiempo invertido, y quince minutos dedicados solo al Señor cada día tendrán un impacto profundo en tu relación con Él. Dios está esperando pasar tiempo contigo. Te ama, anhela estar contigo y se preocupa por tu vida cotidiana. Esta cercanía a Dios es el corazón de la Experiencia de Adoración de 40 Días.

La adoración es más que canciones, por cierto. Es una actitud de corazón de entrega, asombro y amor hacia el Dios que te ve y te conoce. El título "Experiencia de Adoración de 40 Días" se refiere al ambiente de adoración e intimidad durante tu tiempo a solas con Dios. Encuentro útil tener música de adoración sonando suavemente mientras oro, y tú también podrías descubrir lo mismo. El Salmo 100:2-4 nos recuerda:

> Adoren al Señor con gozo.
> Vengan ante él cantando con alegría.
> ¡Reconozcan que el Señor es Dios!
> Él nos hizo, y le pertenecemos;
> somos su pueblo, ovejas de su prado.
> Entren por sus puertas con acción de gracias;
> vayan a sus atrios con alabanza.
> Denle gracias y alaben su nombre.

El objetivo de este tiempo es "venir ante él" y "entrar por sus puertas" con sinceridad y fe, sabiendo que Él te está esperando. Te animo a entregarle a Dios los primeros quince minutos de tu mañana durante los próximos cuarenta días, confiándote a su gracia y permitiendo que la entrega abra la puerta a la transformación del corazón. Llamo a este espacio el "Lugar de Entrega": un lugar de seguridad, confianza y cercanía a Dios.

He visto los cambios notables que este acto de entrega ha producido en mi propia vida y en muchos otros que han emprendido esta experiencia, y creo que tú también los experimentarás. Estos cambios no son obra tuya, sino el resultado del trabajo de Dios en ti a medida que descubres mayores profundidades de su amor.

Hoy, el primer día de nuestro viaje, te animo a practicar la entrega a Dios y a abrir tu corazón a su amor. Lee los versículos a continuación y luego dedica unos momentos a entregarle a Dios tus esperanzas, temores, planes y sueños. Entra en su presencia y descansa en su amor. Cuando hayas terminado, puedes usar las "preguntas para reflexionar" para profundizar en tu conciencia de lo que Dios está haciendo en ti hoy.

Lectura Bíblica

Adoren al SEÑOR con gozo.
Vengan ante él cantando con alegría.
¡Reconozcan que el SEÑOR es Dios!
Él nos hizo, y le pertenecemos;
somos su pueblo, ovejas de su prado.
Entren por sus puertas con acción de gracias;
vayan a sus atrios con alabanza.
Denle gracias y alaben su nombre.
Salmo 100:2–4

Por lo tanto, amados hermanos, les ruego que entreguen su cuerpo a Dios por todo lo que él ha hecho a favor de ustedes. Que sea un sacrificio vivo y santo, la clase de sacrificio que a él le agrada. Esa es la verdadera forma de adorarlo. *Romanos 12:1*

Esto lo hacemos al fijar la mirada en Jesús, el campeón que inicia y perfecciona nuestra fe. Debido al gozo que le esperaba, Jesús soportó la cruz, sin importarle la vergüenza que esta representaba. Ahora está sentado en el lugar de honor, junto al trono de Dios. *Hebreos 12:2*

Pero ustedes, mis queridos hijos, pertenecen a Dios. Ya lograron la victoria sobre esas personas, porque el Espíritu que vive en ustedes es más poderoso que el espíritu que vive en el mundo. *1 Juan 4:4*

Preguntas para Reflexionar

1. ¿Cuál es un cambio que esperas ver en tu vida durante el transcurso de la Experiencia de Adoración de 40 Días?

2. ¿Qué significa entrega para ti y por qué es importante en tu relación con Dios?

3. ¿Qué podría dificultar pasar los primeros 15 minutos de tu día con Dios, y cómo puedes hacerlo más fácil?

Día 2

Bienvenido al día 2 de tu Experiencia de Adoración de 40 Días. Recuerda, este viaje trata sobre conocer a Dios a un nivel más profundo. En cualquier relación, la clave es pasar tiempo juntos, y eso es exactamente lo que estás haciendo cada mañana cuando dedicas los primeros quince minutos a Dios.

Durante este tiempo, tu objetivo principal es rendir tu voluntad a la suya, recibir su amor y acercarte más a Él. Observa lo que dice Efesios 3:19: " que experimenten el amor de Cristo, aun cuando es demasiado grande para comprenderlo todo". La palabra "experimentar" aquí proviene del término griego ginosko, que implica intimidad o un conocimiento interno profundo. Experimentar el amor de Cristo, aunque supere la plena comprensión, es tu objetivo final.

En este momento, tu mente podría estar llena de planes para el día, y podría ser un desafío para ti frenar y pasar quince minutos con el Señor. O, si no eres una persona mañanera, es posible que aún estés tratando de despertar y te preguntes si vale la pena. Independientemente de tu personalidad, supera los momentos de resistencia y entra en la presencia de Dios. Esta es la mejor manera de despertar y la mejor manera de ordenar tu corazón y prioridades antes de abordar tu lista de tareas pendientes.

La clave es no apresurarse ni apurarse durante este tiempo. No es una tarea para marcar como hecha en tu lista y seguir con tu día. Detente y saborea el privilegio y la bendición de descansar en la presencia de Dios. La prisa siempre interrumpe la intimidad.

Uno de mis pensamientos favoritos es que Dios nos espera toda la noche para que nos despertemos por la mañana y podamos encontrarnos con Él. ¿Puedes imaginarlo? ¿Puedes visualizar al Creador del universo acompañándote durante el día, velando por ti por la noche y luego, por la mañana, esperando a que despiertes para estar contigo de nuevo?

Jesús mismo ejemplificó la importancia de pasar tiempo sin prisas a solas con Dios a lo largo de su ministerio. Marcos 1:35 describe cómo se retiraba temprano en la mañana, antes del amanecer, a un lugar tranquilo y solitario para orar. Imagina a Jesús compartiendo con su Padre, recibiendo instrucciones, gracia, favor y poder para el día que se avecina. Luego, imita eso. Colócate en la misma postura de espera, cercanía y confianza. Si te sientes desanimado o ansioso esta mañana, rinde tu voluntad a la suya. Permite que infunda su fuerza en ti. Imagina estar sostenido en Sus brazos y caminar de la mano con Él a lo largo del día.

Al comenzar el día 2, mantén tu diario a mano para que, cuando Dios hable, puedas capturar las percepciones divinas que recibas.

Lectura Bíblica

Es mi deseo que experimenten el amor de Cristo, aun cuando es demasiado grande para comprenderlo todo. Entonces serán completos con toda la plenitud de la vida y el poder que proviene de Dios. *Efesios 3:19*

A la mañana siguiente, antes del amanecer, Jesús se levantó y fue a un lugar aislado para orar. *Marcos 1:35*

Dentro de la carpa de reunión, el Señor hablaba con Moisés cara a cara, como cuando alguien habla con un amigo. Después, Moisés regresaba al campamento, mientras que su asistente, el joven Josué, hijo de Nun, permanecía en la carpa de reunión. *Éxodo 33:11*

¡Alaben al Señor; alaben a Dios nuestro salvador!
Pues cada día nos lleva en sus brazos.
Salmo 68:19

Preguntas para Reflexionar

1. ¿Cómo afecta el conocimiento del amor de Cristo a tu cercanía y relación con Él?

2. ¿Por qué es útil entregar tus planes a Dios al comienzo del día?

3. Piensa en un momento en el que te sentiste especialmente cercano a Dios. ¿Qué lo hizo tan especial y cómo puedes llevar eso a tu Experiencia de Adoración de 40 Días?

Día 3

Si alguna vez has intentado hablar con alguien que está distraído, sabes lo desafiante que puede ser una conversación así. Las distracciones interrumpen la intimidad, pero la concentración y la intencionalidad la cultivan. Es por eso que una de las llaves más importantes para acercarte a Dios es enfocar tus pensamientos en Él. Esta es una elección consciente de centrar tu atención en Él al comienzo de tu día. Se trata de dar prioridad a Su voz, Su presencia, Su voluntad, Sus palabras.

Colosenses 3:1-2 dice: "Ya que han sido resucitados a una vida nueva con Cristo, pongan la mira en las verdades del cielo, donde Cristo está sentado en el lugar de honor, a la derecha de Dios. Piensen en las cosas del cielo, no en las de la tierra". Esto no significa que desechas tu lista de cosas por hacer porque solo piensas en el cielo. Significa que la apartas para que puedas enfocarte en Dios, y significa que cuando retomas la lista, la ves a través del filtro de la bondad y presencia de Dios.

Concentrarte en Dios es dirigir tus primeros pensamientos de la mañana hacia Él. Es alinear intencionalmente tu enfoque mental en una dirección específica. Tus pensamientos iniciales al despertar no están destinados a obsesionarte con preocupaciones mundanas, sino a volverte hacia las cosas celestiales, hacia Jesús.

A menudo digo: "Dale a Dios lo mejor de ti, incluso cuando te sientas en tu peor momento". La mejor parte de tu día es la primera parte porque eso es lo que establece la dirección para el resto de él. Incluso si te sientes medio dormido y necesitas una segunda taza de café solo para concentrarte, dedicar la primera parte de tu día a Dios ayudará a establecer tus prioridades internas y marcará el rumbo para el resto de tu día, lo que cambiará tu vida en última instancia.

Ahora, toma unos minutos para dirigir tus pensamientos, emociones, prioridades, metas y planes hacia las cosas del cielo. Amplía intencionalmente tu perspectiva del mundo para incluir la perspectiva celestial de Dios. Decide cambiar tu enfoque de lo que puedes ver a lo que Dios puede ver. Abre tu corazón y tu agenda a Su transformación divina.

Lectura Bíblica

"Ya que han sido resucitados a una vida nueva con Cristo, pongan la mira en las verdades del cielo, donde Cristo está sentado en el lugar de honor, a la derecha de Dios. Piensen en las cosas del cielo, no en las de la tierra"
Colosenses 3:1–2

Así que no se preocupen por todo eso diciendo: '¿Qué comeremos?, ¿qué beberemos?, ¿qué ropa nos pondremos?.' Esas cosas dominan el pensamiento de los incrédulos, pero su Padre celestial ya conoce todas sus necesidades. Busquen el reino de Dios por encima de todo lo demás y lleven una vida justa, y él les dará todo lo que necesiten. Así que no se preocupen por el mañana, porque el día de mañana traerá sus propias preocupaciones. Los problemas del día de hoy son suficientes por hoy. *Mateo 6:31–34*

Preguntas para Reflexionar

1. ¿Qué significa para ti "fijar tu mirada" en las cosas celestiales? ¿Cuáles son algunas de esas cosas?

2. ¿Cómo afecta pensar en cosas celestiales a la manera en que lidias con las cosas terrenales?

3. ¿En qué áreas de tu vida te distraes más en este momento? ¿Cómo podrías entregárselas a Dios y verlas a través de Sus ojos?

Día 4

Estoy seguro de que tu vida está llena. Eso es algo bueno. ¿Quién quiere aburrirse todo el tiempo? Pero si eres como yo, de vez en cuando, probablemente te sientas demasiado ocupado y apurado, incluso abrumado. Puedo pasar todo el día ocupándome de las cosas y cumpliendo con las demandas que se me imponen, solo para caer exhausto en la cama y preguntarme a dónde fue el día.

Sin embargo, no es así como quiero vivir. He aprendido a tener lo que llamo "puntos de pausa" en diferentes momentos del día para realinear mi mundo interior con Dios y encontrar Su paz nuevamente. Los puntos de pausa son breves momentos de oración, ya sea en voz alta o en silencio, que te permiten volver a enfocar tu energía en Dios.

El primer y más importante punto de pausa es tu quince minutos a solas con Dios por la mañana, pero eso no tiene que ser el único. Puedes tomarte treinta segundos antes de salir de tu automóvil en el trabajo para reconectarte con Él. Puedes cerrar los ojos por unos momentos antes de reunirte con tu próximo cliente y dejar que el amor de Dios fluya de nuevo en ti. Los puntos de pausa pueden ser tan simples como tomar un respiro, inhalando Su paz y exhalando una oración por Su guía.

Estos momentos sirven como interludios refrescantes frente a la agitación del día. En medio de la confusión de la vida, es saludable poner periódicamente en pausa lo que estás haciendo y volver a enfocarte en Dios. Esto cambia tu enfoque de los problemas y preocupaciones a tu alrededor hacia aquel que se preocupa por ti.

Este concepto no es nuevo. Jesús mismo buscaba la presencia de Su Padre antes del amanecer y luego llevaba esa conexión a lo largo de Su día. Estás siguiendo Su ejemplo, aprendiendo a permanecer cerca del Señor, sin importar las circunstancias. Es importante recordar que el Espíritu Santo reside en ti, guiando tu corazón de vuelta al Padre a través de Jesús.

Efesios 2:18 afirma que "todos podemos tener acceso al Padre por medio del mismo Espíritu Santo gracias a lo que Cristo hizo por nosotros". No importa cuán ocupado esté tu día o cuántas demandas enfrentes en tu tiempo y energía, puedes acercarte instantánea e inmediatamente al Padre cuando lo desees. Tómate unos momentos ahora para practicar pausar tus pensamientos y planes y acercarte al Padre a través del Espíritu, sabiendo que Jesús te ha dado libre acceso a Su gracia.

Lectura Bíblica

Después de despedir a la gente, subió a las colinas para orar a solas. Mientras estaba allí solo, cayó la noche
Mateo 14:23

Después de despedirse de la gente, subió a las colinas para orar a solas. Muy tarde esa misma noche, los discípulos estaban en la barca en medio del lago y Jesús estaba en tierra, solo. *Marcos 6:46–47*

Cuando Jesús vio que estaban dispuestos a hacerlo rey a la fuerza, se escabulló hacia las colinas él solo. *Juan 6:15*

Ahora todos podemos tener acceso al Padre por medio del mismo Espíritu Santo gracias a lo que Cristo hizo por nosotros. *Efesios 2:18*

Preguntas para Reflexionar

1. ¿Cómo podrían los puntos de pausa, donde inhalas la paz de Dios y exhalas una oración, ayudarte a sentirte reconfortado y guiado en tu día?

2. ¿Cómo, a tu manera, mantienes la conciencia de la presencia de Dios en tu vida cotidiana?

3. Escribe tres o cuatro lugares o momentos específicos en los que podrías planificar un breve punto de pausa hoy.

Día 5

¿Alguna vez te detienes a pensar en lo que te dices a ti mismo? Todos hablamos con nosotros mismos, aunque no nos demos cuenta. Estas conversaciones que sostenemos dentro de nuestras mentes pueden tener un impacto profundo en nuestro bienestar, ya sea de manera positiva o negativa.

Tu relación con Jesús debería formar la base de un diálogo interno positivo. Sin embargo, para que eso suceda, debes ser intencional respecto a escucharte a ti mismo y alinear tu conversación interna con lo que Dios dice en lugar de lo que el mundo a tu alrededor dice. David entendía esto. Escribió: "Que las palabras de mi boca y la meditación de mi corazón sean de tu agrado, oh SEÑOR, mi roca y mi redentor" (Salmo 19:14).

Comprender tu identidad en Jesús es fundamental para esta alineación. Tu identidad no puede estar vinculada a tus acciones; en cambio, debe estar firmemente anclada en Cristo. No puedes ganar la aprobación de Dios. Es un regalo otorgado a través de Jesús. En Él, eres una nueva creación, liberado de pecados pasados, recibido en la familia de Dios y fortalecido por Su gracia. No necesitas ganar nada ni demostrar nada. No tienes que buscar validación externa ni participar en un diálogo interno negativo basado en la inseguridad.

Durante tus quince minutos a solas con Dios cada mañana, practica reformular tu diálogo interno para que coincida con lo que Dios dice acerca de ti. Encuentra tu suficiencia en Él. Deja que Su aceptación de ti sea todo lo que necesitas para aceptarte a ti mismo.

Cambiar tu diálogo interno es parte de lo que significa Romanos 12:2 al decir: "Dejen que Dios los transforme en personas nuevas al cambiarles la manera de pensar". Algunas traducciones de la Biblia usan la palabra "renovación". La renovación de tu mente desempeña un papel fundamental en nutrir un diálogo interno positivo. Al reemplazar las mentiras de la negatividad con la verdad revelada de Dios, tu diálogo interno se volverá más positivo y preciso.

Esta renovación de tu mente ocurre a través de la oración, la lectura de las Escrituras y el tiempo en la presencia de Dios. Esto debería ser un enfoque principal en tus primeros quince minutos con Dios. Al alinear tu corazón con el Suyo mediante la entrega, limpias tu mente de diálogos internos negativos. El Espíritu Santo te ayudará a reconocer y capturar rápidamente pensamientos negativos que se hayan infiltrado a través de la exposición a influencias externas, incluyendo lo que escuchas, ves y participas en las redes sociales, así como la compañía que mantienes y el estilo de vida que sigues.

Dedica unos momentos a dejar que Dios renueve tu mente esta mañana. Evalúa tu diálogo interno y permite que el Espíritu Santo alinee tu conversación interna con Su perspectiva sobre ti.

Lectura Bíblica

Esto significa que todo el que pertenece a Cristo se ha convertido en una nueva persona. La vida antigua ha pasado; una nueva vida ha comenzado. *2 Corintios 5:17*

No imiten las conductas ni las costumbres de este mundo, más bien dejen que Dios los transforme en personas nuevas al cambiarles la manera de pensar. Entonces aprenderán a conocer la voluntad de Dios para ustedes, la cual es buena, agradable y perfecta.
Romanos 12:2

Sobre todas las cosas cuida tu corazón,
porque este determina el rumbo de tu vida.
Proverbios 4:23

Y ahora, amados hermanos y hermanas, una cosa más para terminar. Concéntrense en todo lo que es verdadero, todo lo honorable, todo lo justo, todo lo puro, todo lo bello y todo lo admirable. Piensen en cosas excelentes y dignas de alabanza.
Filipenses 4:8

Que las palabras de mi boca
y la meditación de mi corazón
sean de tu agrado,
oh SEÑOR, mi roca y mi redentor.
Salmo 19:14

Preguntas para Reflexionar

1. ¿Tiende tu diálogo interno a ser más negativo o positivo? ¿Qué impacto tiene en tu bienestar?

2. ¿En qué áreas tiendes a tener más dificultades cuando se trata de tu diálogo interno y tu perspectiva de ti mismo? ¿Cómo podrías reemplazar declaraciones negativas con positivas?

3. ¿Cómo ayudan cosas como la oración, la lectura de las Escrituras y pasar tiempo en la presencia de Dios a renovar tu mente?

Día 6

Ayer exploramos la realidad y el poder del diálogo interno. Para muchos de nosotros, una de las voces más predominantes en nuestras mentes es la preocupación. Tenemos pensamientos ansiosos y llenos de miedo que afectan cómo nos presentamos en el mundo.

Una forma en que combato la ansiedad es repetirme a mí mismo: "Yo no me preocupo. ¡Yo oro!" Es una afirmación simple que me recuerda no perderme en mi propio cerebro, sino dirigir mi enfoque hacia Dios. Desactiva el pensamiento negativo. Te animo a que lo intentes también. Inicialmente, puede parecer un ajuste menor, pero con el tiempo, produce resultados profundos.

Esta pequeña afirmación se extrae de Filipenses 4:6-7, que nos recuerda: "No se preocupen por nada; más bien, en toda ocasión, con oración y ruego, presenten sus peticiones a Dios y denle gracias. Y la paz de Dios, que sobrepasa todo entendimiento, cuidará sus corazones y sus pensamientos en Cristo Jesús" (NVI).

La preocupación tiende a crear una separación entre tú y Dios, causando distancia emocional y una sensación de aislamiento. En cambio, la oración te acerca más a tu Creador, fomentando la confianza e intimidad. A través de la oración, reconoces que la presencia de Dios está contigo, Él realmente se preocupa por ti y está listo para ayudarte.

Observa la frase "denle gracias". En la oración, no solo expresas tus necesidades; también expresas gratitud por las bendiciones que ya has recibido. La gratitud tiene la notable capacidad de cambiar tu perspectiva e infundir tu mente y emociones con positividad.

Este acto de entrega a Dios a través de la oración es profundamente transformador. Te alinea con Su amor y protección divinos, subrayando que no estás solo y que tu situación no es desesperada. El Espíritu Santo está contigo y guiará tu camino.

Recuerda, la oración no se trata de ignorar las preocupaciones, sino de transformarlas en peticiones que haces a Dios. Muchas veces, después de orar, necesitarás tomar acciones positivas para abordar lo que te preocupa. Sin embargo, si comienzas con la oración, tendrás una mente más clara y un corazón más tranquilo. Tendrás la seguridad de la presencia de Dios. A menudo, tendrás ideas y creatividad dadas por Dios.

Tienes una conexión directa con Dios. Él es tu fuente de sabiduría, consuelo y orientación. Así que no comiences con la preocupación. Comienza con la oración.

¿Hay algo que esté creando ansiedad o miedo en tu corazón en este momento? Repite audazmente a ti mismo: "Yo no me preocupo. ¡Yo oro!" Y luego, con agradecimiento, presenta tus peticiones a Dios, permitiéndole reemplazar la preocupación con la paz.

Lectura Bíblica

Tú guardarás en perfecta paz a todos los que confían en ti, a todos los que concentran en ti sus pensamientos. *Isaías 26:3*

No se preocupen por nada; más bien, en toda ocasión, con oración y ruego, presenten sus peticiones a Dios y denle gracias. Y la paz de Dios, que sobrepasa todo entendimiento, cuidará sus corazones y sus pensamientos en Cristo Jesús. *Filipenses 4:6-7 (NVI)*

Digan a los de corazón temeroso:
"Sean fuertes y no teman,
porque su Dios viene para destruir a sus enemigos;
viene para salvarlos".
Isaías 35:4

No tengas miedo, porque yo estoy contigo;
no te desalientes, porque yo soy tu Dios.
Te daré fuerzas y te ayudaré;
te sostendré con mi mano derecha victoriosa.
Isaías 41:10

Preguntas para Reflexionar

1. ¿Qué acciones tomas cuando la preocupación comienza a abrumarte?

2. ¿Cuáles son las cosas que más te preocupan en este momento? Tómate unos momentos para orar por ellas.

3. ¿De qué manera podría influir tu mentalidad al abrazar la declaración "Yo no me preocupo, yo oro"?

Día 7

Durante muchos años, he dedicado consistentemente los primeros quince minutos del día a solas en la presencia del Señor, y ha sido transformador. Una de las lecciones más grandes que he aprendido es que la oración no tiene que ser complicada. Por lo general, me acerco a Dios con lo que está en mi corazón, y mis oraciones son muy simples, como las de un niño que le pide algo a un padre.

Durante el resto de los cuarenta días de esta devoción, vamos a recorrer algunas "oraciones simples", como las llamo. No son la forma en que tienes que orar, sino más bien una forma en que podrías orar. Son oraciones simples, pero también son ejemplos de cosas que puedes decir cuando buscas a Dios por la mañana. El objetivo final es que profundices tu propia relación con Dios, lo que significa que descubrirás cómo oras mejor y qué funciona para ti. Mi esperanza es que estas breves oraciones sean un punto de partida para que desarrolles una mayor intimidad con Dios al acercarte a Él con una fe como la de un niño.

La primera oración simple es esta: "Jesús, cedo mi voluntad a la tuya". Esta pequeña oración tiene el potencial de ser la más poderosa que ores, no solo por la mañana, sino a lo largo del día. Rendirse es un acto de adoración. Abre tu corazón para experimentar la íntima presencia de Dios. Al entregar tu vida a Él, cedes el control al Creador del universo, Dios Todopoderoso. Tu existencia ya no es tuya; ha sido redimida.

El término "entrega" puede tener connotaciones negativas para algunas personas. La sociedad y la cultura dicen que la entrega es mala, que siempre debes ganar, conquistar, gobernar. Pero tu relación con Dios no está destinada a ser de competencia. Él está a favor de ti, no en tu contra. Cuando te entregas a Él, reconoces Su preeminencia en tu vida. Reconoces que Él es bueno, poderoso, correcto, presente e involucrado. ¡No hay nada negativo en eso! Este es el tipo de entrega que siente un niño pequeño cuando se queda dormido en los brazos de sus padres, sabiendo que está seguro y amado.

La entrega se extiende a todo tu ser: corazón, mente, pensamientos, planes, decisiones y emociones. En este acto de la voluntad, concedes el señorío a Dios sobre cada faceta de tu existencia y te sometes a la guía del Espíritu Santo.

Esta entrega confiada, amorosa y voluntaria de ti mismo a Dios es un camino inmediato hacia la intimidad. Pruébalo esta mañana. Dale a Dios todo lo que tienes, todo lo que eres, todo lo que planeas hacer y ser. Ora, "Jesús, cedo mi voluntad a la tuya".

Lectura Bíblica

Por lo tanto, amados hermanos y hermanas, les ruego que entreguen su cuerpo a Dios por todo lo que él ha hecho a favor de ustedes. Que sea un sacrificio vivo y santo, la clase de sacrificio que a él le agrada. Esa es la verdadera forma de adorarlo. *Romanos 12:1*

Mi antiguo yo ha sido crucificado con Cristo. Ya no vivo yo, sino que Cristo vive en mí. Así que vivo en este cuerpo terrenal confiando en el Hijo de Dios, quien me amó y se entregó a sí mismo por mí. *Gálatas 2:20*

Yo sé, Señor, que nuestra vida no nos pertenece; no somos capaces de planear nuestro propio destino. *Jeremías 10:23*

Él se adelantó un poco más y se inclinó rostro en tierra mientras oraba: "¡Padre mío! Si es posible, que pase de mí esta copa de sufrimiento. Sin embargo, quiero que se haga tu voluntad, no la mía". *Mateo 26:39*

Preguntas para Reflexionar

1. ¿Qué significa para ti rendir tu vida a Jesús?

2. ¿Cómo podría conducir la entrega a Jesús a una mayor intimidad? ¿Qué otros beneficios crees que podría traer la entrega a tu vida?

3. ¿En qué áreas específicas eliges rendirte a Dios hoy?

Día 8

Bienvenido a la segunda semana de la Experiencia de Adoración de 40 Días. Estamos reflexionando sobre la primera oración sencilla, "Jesús, cedo mi voluntad a la tuya".

Quiero que imagines un espacio llamado el Lugar de Entrega. Es un destino que existe en tu corazón, alma y mente, donde te sientes tan completamente amado y protegido que puedes soltar cualquier cosa que te impida confiar completamente en Dios.

Proverbios 18:10 dice: "El nombre del SEÑOR es una fortaleza firme; los justos corren a él y quedan a salvo". Esto describe el Lugar de Entrega. Es una seguridad encontrada en la entrega; una confianza disfrutada en la confianza total. Es un espacio sagrado donde entregas tu corazón a Dios, permitiéndole ser tu fortaleza inquebrantable.

Durante tus primeros quince minutos con Dios cada mañana, aprende a "correr hacia Él" y estar a salvo. Libera tus miedos, confía tus deseos a Él, consulta con Él acerca de tus planes, confía en Él con tus necesidades. Él es una fortaleza firme, y cuando te colocas completamente en Sus brazos, estás a salvo. Ese es el Lugar de Entrega.

Si te encuentras en medio de una situación desafiante en este momento, permite que el Espíritu Santo tome el control de tu corazón, silenciando las voces internas de duda y miedo. Dios es tu fortaleza, listo para desbloquear el centro del amor dentro de ti donde recibes Su amor. Este intercambio divino aplasta el miedo y activa la fe.

Si hay algo en tu vida que sabes que no es la voluntad de Dios para ti, entrégaselo. Permítele mostrarte lo que hay dentro de tu corazón y guiarte por un mejor camino. Él no está aquí para aplastarte o condenarte, sino para liberarte. No dejes que la vergüenza o el miedo te detengan. Corre hacia Dios, tu fortaleza, y estarás a salvo.

Si hay un conflicto relacional que te preocupa y estresa, o si tus finanzas no están donde deberían estar, o si no estás seguro acerca de una situación en el trabajo, entrega esas cosas a Dios. Permítele ser la primera y más clara voz a la que escuchas al alinear tu vida con Él. Que esta sea tu oración hoy: "Jesús, cedo mi voluntad a la tuya".

Lectura Bíblica

El nombre del Señor es una fortaleza firme;
los justos corren a él y quedan a salvo.
Proverbios 18:10

El último día del festival, el más importante, Jesús se puso de
pie y gritó a la multitud: «¡Todo el que tenga sed puede venir
a mí! ¡Todo el que crea en mí puede venir y beber! Pues las
Escrituras declaran: "De su corazón, brotarán ríos de agua
viva"». *Juan 7:37–38*

Así que humíllense delante de Dios. Resistan al diablo, y él
huirá de ustedes. Acérquense a Dios, y Dios se acercará a
ustedes. *Santiago 4:7-8*

Preguntas para Reflexionar

1. ¿Puedes recordar alguna vez en la que experimentaste a Dios como una "fortaleza firme" en tu vida? Descríbela.

2. ¿Cuán seguro te sientes con Dios? ¿Qué te hace sentir seguro o inseguro?

3. ¿Cuáles son las áreas más difíciles para ti de rendir a Dios, y por qué?

Día 9

Imagina la emoción de despertar y enfocar tus pensamientos en las cosas celestiales, sabiendo que Dios ya conoce las buenas noticias que te esperan hoy. En lugar de despertar con temor, ansiedad o aburrimiento, puedes fijar tus ojos en Jesús y rendir tu voluntad de todo corazón a la de Dios.

Esta actitud de entrega hace que cada día sea una emocionante aventura con Dios. Puedes preguntarle: "¿Qué tienes planeado para mí hoy? ¿Qué vamos a lograr juntos?" La entrega no es solo un ejercicio mental o un concepto elevado. Es una acción que requiere una elección consciente. Es una decisión que involucra todo tu ser: corazón, mente, voluntad, emociones y cuerpo, mientras te entregas a la voluntad de Dios.

El apóstol Pablo escribió: "Ya no vivo yo, sino que Cristo vive en mí, porque mi antiguo yo ha muerto clavado en la cruz con Cristo". Ese es el lenguaje de una entrega gozosa. Él no estaba interesado en hacer las cosas por su cuenta, aislado de Dios. Eso no significa que fuera un títere o un robot, simplemente significa que descubrió la verdadera vida al permitir que el poder de Cristo guiara sus palabras y pasos.

Rendirse a Dios ayuda a sintonizar tus oídos a Su voz. La Palabra de Dios cobra vida. La paz de Dios guarda tu corazón y tu mente en Cristo Jesús. La aventura del día comienza al darle a Dios el control y permitir que Su voluntad se convierta en la tuya.

Esta relación íntima con Dios no es pasiva sino activa.

Dios es el iniciador y tú eres el que responde, rindiendo tu voluntad y permitiendo que el amor de Dios llene el núcleo de tu ser. Cuando este centro de amor se activa, el miedo pierde su agarre.

Hoy, mientras pasas quince minutos a solas con Dios, fija tu mirada en Jesús y ofrécele tu vida en completa entrega. Deja que Su amor llene tu corazón. Permite que la fe se aviva en tu alma. Permítele darte el amor, la aceptación y la libertad que tu corazón anhela. Y luego, pídele que guíe tus pasos hoy. "Jesús, rindo mi voluntad a la tuya. ¿Qué aventura nos espera? ¿Qué vamos a lograr hoy? ¿A quién quieres que ame hoy? ¿Cómo quieres que me vea en este momento?"

Nunca te arrepentirás de entregarle a Dios tu ser entero. Él es el lugar más seguro porque Su amor por ti nunca acabará.

Lectura Bíblica

Los que están dominados por la naturaleza pecaminosa piensan en cosas pecaminosas, pero los que son controlados por el Espíritu Santo piensan en las cosas que agradan al Espíritu. Por lo tanto, permitir que la naturaleza pecaminosa les controle la mente lleva a la muerte. Pero permitir que el Espíritu les controle la mente lleva a la vida y a la paz. Pues la naturaleza pecaminosa es enemiga de Dios siempre. Nunca obedeció las leyes de Dios y jamás lo hará. *Romanos 8:5-7*

Mi antiguo yo ha sido crucificado con Cristo. Ya no vivo yo, sino que Cristo vive en mí. Así que vivo en este cuerpo terrenal confiando en el Hijo de Dios, quien me amó y se entregó a sí mismo por mí. *Gálatas 2:20*

Así experimentarán la paz de Dios, que supera todo lo que podemos entender. La paz de Dios cuidará su corazón y su mente mientras vivan en Cristo Jesús.
Filipenses 4:7

Deléitate en el Señor,
y él te concederá los deseos de tu corazón.
Entrega al Señor todo lo que haces;
confía en él, y él te ayudará.
Salmo 37:4-5

Preguntas para Reflexionar

1. ¿Cómo podría sentirse como una aventura rendirse a Dios cada mañana?

2. ¿En qué áreas necesitas más la fuerza y asistencia de Dios? ¿Cómo podrías entregarte a Dios en esas áreas?

3. ¿Te resulta fácil o difícil orar: "Jesús, cedo mi voluntad a la tuya"? ¿Por qué?

Día 10

Espero que hayas podido orar esta sencilla oración, "Jesús, cedo mi voluntad a la tuya", cada mañana. Esto va más allá de simplemente repetir una oración, por supuesto. Se trata de una decisión interna de rendirlo todo al Dios que te ama más de lo que podrías imaginar.

La entrega es la clave que enciende el flujo del Espíritu, activa los dones del Espíritu y cultiva el fruto del Espíritu. A través de la entrega, te transformas en la persona que fuiste creada de manera única para ser. Incluso tu personalidad adquiere una nueva dimensión profunda a medida que la influencia del Espíritu fluye a través de ti.

Esta transformación no es el resultado de tu propia fuerza o habilidades, sino más bien el trabajo del poder de Dios dentro de ti. Cuanto más tiempo pases con Él y más confíes en Él con todo tu ser, más profundo será el trabajo que Él hace en ti. Él te cambia desde adentro hacia afuera, y ese cambio genuino produce resultados que son una bendición para ti y para quienes te rodean. La entrega conduce a la transformación, y la transformación produce buenos frutos.

La entrega no es una decisión única, sino más bien un estilo de vida diario. Por eso, esta es la primera oración sencilla que estamos explorando, y es una que deberías orar regularmente.

He notado que un aumento en mi nivel de ansiedad sirve como una prueba para áreas en mi vida que no he entregado completamente al Señor. Cuando la ansiedad comienza a infiltrarse en tus pensamientos y emociones, a menudo significa que tu corazón está intentando inconscientemente recuperar el control en áreas que has confiado a Dios. El sentimiento de preocupación, miedo o frustración puede indicar una desviación del flujo del Espíritu Santo de justicia, paz y gozo. Incluso si has orado una oración de entrega por la mañana, esto puede suceder a mitad del día, llevando a la ansiedad como consecuencia.

Cuando la ansiedad amenaza con reemplazar tu paz, es una llamada a una nueva entrega. En estos momentos, es útil detenerse, tomar una respiración profunda y recitar la sencilla oración una vez más: "Jesús, cedo mi voluntad a la tuya". Examina tus pensamientos y observa si has tomado el control de alguna área, luego devuelve esa área a Dios.

Mañana continuaremos con otra oración sencilla, pero te invito a seguir orando esta cada día: "Jesús, cedo mi voluntad a la tuya". Permítete descansar en Él y confiar en Él. Dedica unos minutos a examinar cada área de tu día, tu familia, tu carrera, tu carácter y tus planes. ¿Estás completamente rendido a Dios?

Lectura Bíblica

Pues Dios no nos ha dado un espíritu de temor y timidez sino de poder, amor y autodisciplina. *2 Timoteo 1:7*

En cambio, la clase de fruto que el Espíritu Santo produce en nuestra vida es: amor, alegría, paz, paciencia, gentileza, bondad, fidelidad, humildad y control propio. ¡No existen leyes contra esas cosas! *Gálatas 5:22-23*

No se preocupen por nada; en cambio, oren por todo. Díganle a Dios lo que necesitan y denle gracias por todo lo que él ha hecho. Así experimentarán la paz de Dios, que supera todo lo que podemos entender. La paz de Dios cuidará su corazón y su mente mientras vivan en Cristo Jesús. Y ahora, amados hermanos, una cosa más para terminar. Concéntrense en todo lo que es verdadero, todo lo honorable, todo lo justo, todo lo puro, todo lo bello y todo lo admirable. Piensen en cosas excelentes y dignas de alabanza. *Filipenses 4:6-8*

Preguntas para Reflexionar

1. ¿Por qué crees que es importante reconocer que tu transformación proviene del poder de Dios y no de tu propia fuerza?

2. ¿Puedes recordar alguna ocasión en la que rendirte a Dios haya guiado notablemente tus reacciones o decisiones de manera positiva? Describe lo que sucedió.

3. ¿Te sientes completamente rendido a Dios? ¿Por qué sí o por qué no?

Día 11

¿Puedes recordar alguna vez en la que experimentaste una paz interior profunda? Tal vez estabas sentado junto a un lago disfrutando de una increíble puesta de sol, o estabas en casa rodeado de tu familia, o te estabas riendo con tus mejores amigos, y pensaste: "Esto es lo que realmente importa. Ojalá pudiera sentirme así para siempre".

La paz es verdaderamente un regalo, y es el tema de la segunda oración sencilla que quiero compartir contigo. Durante mis quince minutos a solas con Dios por la mañana, a menudo oro: "Jesús, dame tu paz".

La paz de Dios es diferente a la paz del mundo. La paz que proviene de nuestras circunstancias va y viene, pero la paz de Dios permanece incluso en las circunstancias más difíciles. Jesús les dijo a sus discípulos: "Les dejo un regalo: paz en la mente y en el corazón. Y la paz que les doy es un regalo que el mundo no puede dar. Así que no se angustien ni tengan miedo" (Juan 14:27).

Anteriormente, miramos Filipenses 4:6. "No se preocupen por nada. Más bien, oren por todo". Esta es la clave: acude a Dios con tus necesidades y agradece por todo lo que ha hecho. A través de este proceso, tienes acceso a la paz de Dios, una paz que sirve como centinela, guardando tu corazón y mente mientras permaneces en Cristo Jesús.

Esta verdad se refuerza en 1 Pedro 5:7: "Pongan todas sus preocupaciones y ansiedades en las manos de Dios, porque él cuida de ustedes". Tus preocupaciones a menudo giran en torno a las cosas más queridas para tu corazón, las cosas que más te importan. Dios te invita a hacer un intercambio: confiarle tus preocupaciones y recibir Su paz.

Si necesitas paz, tómate unos momentos para darle a Dios tus preocupaciones. Recuerda que Él te ama y se preocupa por ti. Luego, pídele la paz que tu corazón anhela. "Jesús, dame tu paz".

Lectura Bíblica

¡El fiel amor del Señor nunca se acaba! Sus misericordias jamás terminan. Grande es su fidelidad; sus misericordias son nuevas cada mañana.
Lamentaciones 3:22–23

Les dejo un regalo: paz en la mente y en el corazón. Y la paz que yo doy es un regalo que el mundo no puede dar. Así que no se angustien ni tengan miedo. *Juan 14:27*

No se preocupen por nada; más bien, en toda ocasión, con oración y ruego, presenten sus peticiones a Dios y denle gracias. Y la paz de Dios, que sobrepasa todo entendimiento, cuidará sus corazones y sus pensamientos en Cristo Jesús.
Filipenses 4:6–7

Entreguen todas sus preocupaciones y ansiedades a Dios, porque él cuida de ustedes. *1 Pedro 5:7*

Preguntas para Reflexionar

1. Según Filipenses 4:6-7, ¿cuál es el antídoto contra la preocupación y la ansiedad? ¿De qué manera estos versículos te animan a abordar tus propias preocupaciones y miedos?

2. ¿Cómo el entender que Dios se preocupa por las cosas y personas que te importan te brinda una mayor paz?

3. ¿Necesitas más paz? ¿Cuáles son las preocupaciones y cuidados que deberías entregar a Dios?

Día 12

Reflexionamos sobre esta sencilla oración: "Jesús, dame tu paz". Recuerda, Su paz es diferente a la paz que promete el mundo. Durante tus quince minutos hoy, te invito a enfocarte en creer y recibir la paz que Jesús prometió.

La verdadera paz es inconfundible. Protege tu corazón y mente, ofreciendo seguridad en medio de los desafíos de la vida. Esta paz proviene de Dios, no de tus circunstancias. Te recuerda que incluso cuando las tormentas rugen a tu alrededor, Jesús está contigo. Él es tu fuente de paz. Su presencia es tu garantía de seguridad.

Todos conocemos cómo se siente la falta de paz, y no es una sensación agradable. Te deja en turbulencia, con miedo y ansiedad que aquejan tus pensamientos. La ansiedad a menudo es una señal de que estás intentando controlar o aferrarte a algo más allá de tu control. En el momento en que lo reconoces, puedes decir: "Señor, entrego esta área a Ti. La libero en Tus manos". Luego observa cómo la paz de Dios vuelve a inundarte. Aunque las circunstancias puedan permanecer sin cambios, tu corazón puede llenarse de Su paz.

Colosenses 3:15 dice: "Dejen que la paz que viene de Cristo gobierne en sus corazones". La palabra griega traducida como "gobierne" significa ser el árbitro o el factor decisivo. Imagino a un árbitro o un umpire llamando a un juego deportivo. Eso es lo que es la paz: el árbitro que decide qué debe entrar en tu corazón y qué debe ser excluido.

Este verso te anima a dejar que la paz de Dios sea el factor decisivo en tu corazón. Cuando sientas que tu paz se escapa, entrega tu vida al Señor y permite que Su paz reine una vez más.

El reino de Dios, como se revela en Romanos 14:17, no se define por comer o beber, sino por justicia, paz y gozo en el Espíritu Santo. Esta experiencia está disponible para ti cada mañana. ¿Necesitas la paz de Dios que gobierne en tu corazón hoy? ¿Necesitas que te ayude a discernir qué dirección tomar, qué pensamientos permitir en tu mente y qué perspectiva adoptar hacia los desafíos que enfrentas? Si es así, ora esta sencilla oración: "Jesús, dame tu paz".

Lectura Bíblica

Pues el reino de Dios no consiste en comer ni beber, sino en vivir una vida de bondad y paz y gozo en el Espíritu Santo. *Romanos 14:17*

Le pido a Dios, fuente de esperanza, que los llene completamente de alegría y paz, porque confían en él. Entonces rebosarán de una esperanza segura mediante el poder del Espíritu Santo. *Romanos 15:13*

Una vez más les dijo: "La paz sea con ustedes. Como el Padre me envió a mí, así yo los envío a ustedes". Entonces sopló sobre ellos y les dijo: "Reciban al Espíritu Santo". *Juan 20:21-22*

Y que la paz que viene de Cristo gobierne en sus corazones. Pues, como miembros de un mismo cuerpo, ustedes son llamados a vivir en paz. Y sean siempre agradecidos. *Colosenses 3:15*

Ahora, que el mismo Señor de paz les dé su paz en todo momento y en cada situación. El Señor sea con todos ustedes. *2 Tesalonicenses 3:16*

Preguntas para Reflexionar

1. ¿Cómo puede la ansiedad actuar como una señal o advertencia en tu vida? ¿Puedes recordar un momento específico en el que tu ansiedad señaló algo que necesitabas entregar a Dios?

2. ¿Cómo confiar en Dios con tus preocupaciones conduce a la paz, incluso cuando las cosas no parecen mejorar?

3. ¿Qué pasos puedes tomar cada día para asegurarte de que la paz de Dios gobierne en tu corazón?

Día 13

¿Alguna vez has caminado descalzo por la casa y has pisado un juguete o un charco de agua, y has deseado tener zapatos puestos? Los zapatos tienen dos propósitos principales: protegen tus pies y te ayudan a avanzar.

Al considerar la sencilla oración "Jesús, dame tu paz", recuerda que Efesios 6:15 nos dice que Dios nos equipa con los zapatos de la paz. En el contexto, Pablo comparaba diversas piezas de la armadura romana con las armas que Dios nos ha dado para luchar la buena batalla de la fe. Cuando se trataba del calzado, lo usó como una metáfora para la paz. Eso me resulta fascinante.

Los soldados no tenían calzado por comodidad o estilo. Sus zapatos eran esenciales para protección y progreso. Imagina tratar de navegar por un terreno difícil descalzo. Sería imposible. Los zapatos eran indispensables para la capacidad del soldado romano de dar el siguiente paso. De manera similar, somos agentes del reino de Dios, y la paz de Dios es crucial para nuestro avance.

Estos zapatos tenían clavos en las suelas y también servían como un arma. A corta distancia, el soldado romano podía golpear a un adversario, derribarlo y pisotearlo. Aunque esta imagen puede ser gráfica, la Biblia nos instruye a poner al enemigo bajo nuestros pies. La paz de Dios es una fuerza conquistadora, producida en nosotros mediante el poder de su Espíritu Santo.

Estos zapatos estaban firmemente atados a los pies del

soldado, al igual que la paz de Dios está firmemente unida a nuestros corazones. A medida que avanzamos en el reino de Dios, Él nos protege. Su paz no es solo pasiva; es activa. Nos permite prosperar ante la adversidad y seguir avanzando en los propósitos de Dios para nuestras vidas.

No veas la paz solo como un bonito accesorio en tu vida. Mírala como una parte indispensable de tu progreso, una protección para tu alma y un instrumento para avanzar las buenas noticias. La paz que recibes al rendir tu voluntad a la voluntad de Dios es más que una sensación de bienestar. Es una fuerza poderosa que impulsa el avance del Reino de Dios. Es la paz única que Dios te concede: su paz, no la paz que ofrece el mundo.

Así como no saldrías sin ponerte tus zapatos, no abandones tu tiempo de oración sin ponerte la paz de Dios. Intencionadamente vuelve a sumergirte en su presencia, entrega tu voluntad a la suya y permite que el Espíritu Santo refresque tu alma con Su paz.

Lectura Bíblica

El nombre del Señor es una fortaleza firme;
los justos corren a él y quedan a salvo.
Proverbios 18:10

Pónganse como calzado la paz que proviene de la Buena
Noticia a fin de estar completamente preparados.
Efesios 6:15

El Señor da fuerza a su pueblo;
el Señor los bendice con paz. *Salmo 29:11*

Les dejo un regalo: paz en la mente y en el corazón. Y la paz
que les doy es un regalo que el mundo no puede dar. Así que
no se angustien ni tengan miedo. *Juan 14:27*

Preguntas para Reflexionar

1. ¿Cómo es diferente la paz de Dios de la paz que ofrece el mundo?

2. ¿En qué formas podemos ver que la paz de Dios es una fuerza activa, más que simplemente una sensación de calma?

3. ¿Cómo se ve para ti, en un sentido práctico, ponerse los "zapatos de la paz"?

Día 14

¡Felicidades! Has alcanzado el hito de dos semanas en tu Experiencia de Adoración de 40 Días, y estás dando grandes pasos en cultivar el hábito de dedicar los primeros quince minutos de cada día al Señor. Estás entregando tu voluntad a la suya y recibiendo su amor y paz.

Estamos reflexionando sobre la sencilla oración "Jesús, dame tu paz". Isaías 26:3-4 nos ofrece una sabiduría profunda:

"¡Tú guardarás en perfecta paz a todos los que confían en ti; a todos los que concentran en ti sus pensamientos! Confíen siempre en el SEÑOR, porque el SEÑOR Dios es la Roca eterna". Observa la frase " los que concentran en ti sus pensamientos". ¿Alguna vez has pausado para notar si tus pensamientos están enfocados en Dios cuando te despiertas por primera vez? Después de todo, tus pensamientos tienen un increíble impacto en tu vida porque dirigen tus deseos, motivaciones, acciones y reacciones.

Posees el libre albedrío para elegir en qué piensas. "Concentrar" tus pensamientos significa enfocarte en, apoyarte en, descansar en y dirigirte hacia el Señor. Esta es una elección que puedes hacer cada día. Nadie más puede hacerla por ti, y nadie puede quitarte la capacidad de elegir.

¿Qué deberías hacer si te despiertas con pensamientos llenos de preocupación, ansiedad o asuntos mundanos? ¿Y si comienzas el día sintiéndote abatido o desanimado? En esos momentos, Dios te invita a transformar tu pensamiento. Si estás dispuesto, Él te ayudará a apartarte de pensamientos tóxicos que pueden llevarte por caminos destructivos.

Concentrar tus pensamientos en Dios y recibir su "paz perfecta" no es complicado. Puedes comenzar con un simple y sincero "Buenos días, Jesús". Este acto de reconocimiento orienta tus pensamientos lejos de los problemas o listas de tareas que inicialmente podrían haber ocupado tu mente. Recuerda, Dios espera con ansias tu despertar, listo para relacionarse contigo. Puedes orientar tus primeros pensamientos hacia Él en el momento en que abres los ojos, incluso antes de levantarte de la cama. Esta práctica alinea instantáneamente tus pensamientos con tu relación con Jesús, el Príncipe de Paz (Isaías 9:6).

Intenta esto ahora mismo. Mientras escuchas música de adoración, enfoca tus pensamientos en Dios. Piensa en su bondad, amor y presencia. Permite que el caos y el ruido de la ansiedad se desvanezcan en segundo plano. Deja que la presión y el estrés del día que tienes por delante tomen un segundo plano mientras enfocas tu mente en Dios. Ora, "Jesús, dame tu paz mientras fijo mis pensamientos y dirijo mis ojos hacia ti."

Lectura Bíblica

¡Tú guardarás en perfecta paz
a todos los que confían en ti;
a todos los que concentran en ti sus pensamientos!
Confíen siempre en el Señor,
porque el Señor Dios es la Roca eterna.
Isaías 26:3–4

Pues nos ha nacido un niño,
un hijo se nos ha dado;
el gobierno descansará sobre sus hombros,
y será llamado:
Consejero Maravilloso, Dios Poderoso,
Padre Eterno, Príncipe de Paz.
Su gobierno y la paz
nunca tendrán fin.
Isaías 9:6–7

Preguntas para Reflexionar

1. Cuando te despiertas por la mañana, ¿en qué sueles pensar? ¿Cómo podría desarrollarse tu día de manera diferente si comienza con un intencional "Buenos días, Jesús"?

2. ¿Qué significa para ti la "perfecta paz" de Dios? ¿Cómo se sentiría eso? ¿Puedes tener fe para experimentar esta paz de manera continua?

3. ¿Qué significa fijar tus pensamientos en Dios? ¿Cómo podrías hacer esto a lo largo del día?

Día 15

Cuando piensas en tu familia y amigos, ¿qué relación te brinda más paz? ¿Cuándo te sientes más seguro? ¿Cuándo eres más "tú"? La persona que viene a tu mente probablemente sea aquella que te conoce mejor y te ama más. Te ha visto en los momentos buenos, malos y feos, y ha demostrado su lealtad y fidelidad. Por eso sientes tanta paz cuando estás con él o ella.

Ahora considera este hecho: Dios te conoce mejor que cualquier persona podría porque Él te creó y porque ve tus necesidades y pensamientos más ocultos. Él te ha conocido desde antes de la fundación del mundo, y te ama más que cualquier ser humano podría. Su amor es perfecto, inmutable, incondicional, eterno.

Su conocimiento de ti y su amor por ti son las razones por las que se encuentra la paz perfecta en Su presencia. Dios no es un Juez divino de quien tienes que huir u ocultarte, sino una torre fuerte a la que puedes correr para refugiarte. Él es tu fuente de paz, y te está pidiendo que te acerques a Él. Incluso cuando te sientes nublado, abrumado, desordenado o confundido, puedes encontrar consuelo en la presencia inquebrantable de Dios. Pacientemente te tiende la mano y espera por ti, independientemente del estado de tu mente, siempre listo para iniciar un flujo divino de Su Espíritu. Él es el autor y consumador de tu fe y el amante de tu alma. Sus misericordias se renuevan con cada amanecer. En Su presencia, te levantas y experimentas un profundo intercambio en todo tu ser: alma, corazón, mente, voluntad y emociones.

Recuerda, Dios es el iniciador. Desde el momento en que te despiertas, suavemente te atrae, llamándote a acercarte a Él. Tú eres el respondedor en esta iniciación divina, respondiendo a Su llamado a la comunión. El Salmo 27:8 captura bellamente esta dinámica: "Mi corazón te ha oído decir: 'Ven y conversa conmigo'. Y mi corazón responde: 'Aquí vengo, Señor'." Dios da el primer paso, y nuestra respuesta es: "Señor, escucho que me llamas, y voy. Hoy puede que no sea mi mejor día, pero voy. Incluso en mi confusión o enojo, voy. En mis momentos de desánimo, voy".

Ven tal como eres, ofreciendo tu vida como un sacrificio vivo. Apocalipsis 3:20 te asegura que Él está tocando a la puerta de tu corazón, y si te abres a Él, entrará y cenará contigo como un amigo. En estos momentos sagrados de entrega esta mañana, invita a Su presencia a morar en ti y que Su paz fluya desde ti.

Lectura Bíblica

Mi corazón te ha oído decir: "Ven y conversa conmigo".
Y mi corazón responde: "Aquí vengo, SEÑOR".
Salmo 27:8

¡Mira! Yo estoy a la puerta y llamo. Si oyes mi voz y abres
la puerta, yo entraré y cenaremos juntos como amigos.
Apocalipsis 3:20

"¡Ahora acérquense y desayunen!", dijo Jesús. Ninguno de los
discípulos se atrevió a preguntarle: "¿Quién eres?". Todos
sabían que era el Señor. *Juan 21:12*

¡Todo el que crea en mí puede venir y beber! Pues las
Escrituras declaran: "De su corazón, brotarán ríos de agua
viva". *Juan 7:38*

Preguntas para Reflexionar

1. ¿Puedes recordar un momento en el que fuiste a Dios tal como eras, especialmente durante un momento difícil? ¿Cómo fue esa experiencia?

2. ¿Puedes imaginar a Dios llamándote a Su presencia? ¿Cómo podrías responder a esa invitación?

3. ¿Te sientes seguro en la presencia de Dios? ¿Por qué o por qué no? ¿Cómo podrías sentirte aún más seguro y amado?

Día 16

Hoy vamos a explorar una tercera oración simple pero profunda: "Jesús, confío en ti". Confiar significa depender de algo o alguien y poner tu esperanza y confianza en él, y es fundamental para tu relación con Dios. Proverbios 3:5-6 dice: "Confía en el Señor con todo tu corazón; no dependas de tu propio entendimiento. Busca su voluntad en todo lo que hagas, y él te mostrará qué camino tomar".

La vida es demasiado grande para que alguien la maneje por sí mismo, sin importar cuán capaz sea. Hay demasiadas incógnitas, demasiadas cosas fuera de tu control. Necesitas poder decir, como lo hizo David: "Guíame a la imponente roca de seguridad, porque tú eres mi amparo seguro, una fortaleza donde mis enemigos no pueden alcanzarme" (Salmo 61:2-3).

La confianza es el puente que cruza el abismo entre tus limitaciones y el conocimiento y poder infinitos de Dios. La confianza es lo que te permite descansar en su soberanía y amor incluso cuando la vida se siente confusa, amenazante o abrumadora. En esos momentos, confiar en Dios significa buscar refugio y seguridad en Él. Cuando pronuncias la sencilla oración, "Jesús, confío en ti", estás diciendo esencialmente: "Voy hacia ti, Señor, en busca de refugio. Encuentro mi seguridad en tus brazos amorosos".

El profeta Jeremías afirmó que aquellos que se acercan a Dios de esta manera son bendecidos. "Benditos son los que confían en el Señor y han hecho que el Señor sea su esperanza y confianza" (Jeremías 17:7-8). La palabra "bendito" significa tener el favor divino de Dios sobre tu vida. Cuando confías en Él, su favor trabaja a tu favor. No necesitas tener todas las respuestas, hacer todo correctamente o conocer todos los detalles sobre lo que depara el futuro. Confías en Dios y vives con su poder y protección.

Esta mañana, tómate unos segundos para orar: "Jesús, confío en ti". Libera tus preocupaciones y problemas en sus manos, permitiendo que su presencia te dé descanso y confiando en que su favor está actuando en tu vida.

Lectura Bíblica

Desde los extremos de la tierra,
clamo a ti por ayuda
cuando mi corazón está abrumado.
Guíame a la imponente roca de seguridad,
porque tú eres mi amparo seguro,
una fortaleza donde mis enemigos no pueden alcanzarme.
Salmo 61:2–3

Confía en el Señor con todo tu corazón;
no dependas de tu propio entendimiento.
Busca su voluntad en todo lo que hagas,
y él te mostrará cuál camino tomar.
No te dejes impresionar por tu propia sabiduría.
En cambio, teme al Señor y aléjate del mal.
Proverbios 3:5–7

Pero benditos son los que confían en el Señor
y han hecho que el Señor sea su esperanza y confianza.
Son como árboles plantados junto a la ribera de un río
con raíces que se hunden en las aguas.
A esos árboles no les afecta el calor
ni temen los largos meses de sequía.
Sus hojas están siempre verdes
y nunca dejan de producir fruto.
Jeremías 17:7–8

Preguntas para Reflexionar

1. ¿Cómo la confianza construye el puente entre tu entendimiento y la sabiduría de Dios?

2. ¿Puedes recordar un momento en el que decidiste confiar activamente en Dios durante un período difícil? ¿Cómo afectó eso la situación o tus sentimientos al respecto?

3. ¿En qué áreas necesitas activar la confianza hoy y permitir que el favor de Dios trabaje en ti?

Día 17

Hoy nos estamos enfocando en la paz que viene cuando confiamos plenamente en Dios. Si eres como yo, confiar en Dios probablemente haya sido un viaje continuo para ti, un proceso constante de aprendizaje para entregar tu vida a Su divina guía.

Anteriormente, examinamos Isaías 26:3. "Tú guardarás en perfecta paz a todos los que confían en ti, a todos los que concentran en ti sus pensamientos". Este versículo es un recordatorio de que, si tu paz está "desaparecido en combate", debes verificar tu enfoque. ¿Están tus pensamientos centrados en Dios, o se han visto abrumados por los obstáculos a tu alrededor? ¿Confías en el Señor o estás tratando de controlar las cosas con tu propio poder? Por eso es tan importante pasar los primeros quince minutos de tu día enfocando tus pensamientos en Él y permitiendo que tu corazón confíe.

Proverbios 3:5-6 dice: "Confía en el SEÑOR con todo tu corazón; no dependas de tu propio entendimiento. Busca su voluntad en todo lo que hagas, y él te mostrará cuál camino tomar". Este pasaje menciona cuatro partes de tu vida que deben confiarse a Dios:

- Corazón: el centro de tus emociones y pasiones
- Entendimiento: tu lógica, mente, conocimiento y razonamiento
- Voluntad: tus prioridades, metas y decisiones
- Camino: tus acciones y conversaciones

La verdadera confianza puede entregar todas estas cosas

a Dios, sabiendo que Él es fiel para cuidarte y cumplir Sus promesas sobre tu vida.

Durante estos cuarenta días, te animo a aventurarte en niveles más profundos de confianza en el Señor. Aprende a poner tu confianza completa en Él y permítele dirigir tus pasos. En momentos de incertidumbre, cuando no tienes idea de lo que depara el día y tu paz comienza a desvanecerse, ora: "Jesús, confío en Ti". Cuando te enfrentes a desafíos, dificultades o circunstancias inesperadas, di: "Jesús, confío en Ti". En el calor del momento, cuando estés a punto de tomar una decisión apresurada o desviarte por el camino equivocado, susurra: "Jesús, confío en Ti" y toma decisiones sabias. Permite que Su paz inunde tu corazón mientras continúa dirigiendo tus pasos.

Lectura Bíblica

Yo digo al SEÑOR: "Tú eres mi refugio,
mi fortaleza, el Dios en quien confío."
Salmo 91:2

¡Tú guardarás en perfecta paz a todos los que confían en ti, a
todos los que concentran en ti sus pensamientos!
Isaías 26:3

Confía en el SEÑOR con todo tu corazón;
no dependas de tu propio entendimiento.
Busca su voluntad en todo lo que hagas,
y él te mostrará cuál camino tomar.
Proverbios 3:5-6

Podemos hacer nuestros planes,
pero el SEÑOR determina nuestros pasos.
Proverbios 16:9

Preguntas para Reflexionar

1. ¿Qué significa para ti la palabra "confianza"? ¿Cómo demuestras tu confianza en Dios?

2. ¿Te resulta difícil confiar en Dios? ¿Por qué o por qué no?

3. ¿Cómo podrías crecer en tu confianza en Dios?

Día 18

Estamos explorando cómo la sencilla oración "Jesús, confío en Ti" puede llenarte de paz, infundir coraje en tu corazón y comenzar tu día de la mejor manera posible. Durante tus primeros quince minutos con Dios, te animo a hacer de la confianza un hábito diario. Es demasiado fácil despertar con cosas que te agobian, ansiedades que intentan apretar, o presiones que atacan tu mente. Los pensamientos en sí mismos no son necesariamente incorrectos. Pueden ser cosas importantes que necesitas hacer hoy o problemas que deben resolverse. Pero si permites que estas cosas dominen tu alma, corazón, mente, voluntad y emociones sin enfocar tus pensamientos en Dios, te mantendrán abajo.

Leemos en 1 Pedro 5:6-7: "Así que humíllense ante el gran poder de Dios y, a su debido tiempo, él los levantará con honor. Pongan todas sus preocupaciones y ansiedades en las manos de Dios, porque él cuida de ustedes". Humillarse es una postura de entrega y conduce a que Dios te levante en el momento y de la manera correctos.

La palabra griega traducida "pongan" en este pasaje significa arrojar o lanzar. La traducción de la Biblia Amplificada (en inglés) expande la frase de esta manera: "descargando todas sus preocupaciones [todas sus ansiedades, todas sus preocupaciones, de una vez y para siempre]". No tienes que resolver todo o solucionarlo todo por ti mismo. Sí, debes ser responsable y trabajar duro, pero hazlo desde un lugar de confianza en Dios. Él es el único que puede llevar el peso del mundo.

Observa cómo la entrega conduce a la paz. Esa es la fuerza de la confianza: te permite entregar tu vida a Dios, y esa dependencia y confianza en Él traen descanso a tu alma.

Dios te invita a arrojar esas cosas sobre Él y dejarlas allí. No las recojas de nuevo. Si puedes depositar tus preocupaciones, cuidados, ansiedades, miedos y problemas en el Señor y no volver a tomarlos, Él te llenará con Su paz. Déjalos con Él mientras te sientas en Su presencia.

Ni siquiera salgas de la cama antes de depositar tus preocupaciones en Dios. Esto mejorará la forma en que piensas, sientes y tomas decisiones, y cambiará la trayectoria de tu día.

Lectura Bíblica

Así que humíllense ante el gran poder de Dios y, a su debido tiempo, él los levantará con honor. Pongan todas sus preocupaciones y ansiedades en las manos de Dios, porque él cuida de ustedes. *1 Pedro 5:6-7*

Por lo tanto, humíllense bajo la poderosa mano de Dios [dejen de lado el orgullo autojustificante], para que él los exalte [a un lugar de honor en Su servicio] en el tiempo apropiado, descargando todas sus preocupaciones [todas sus ansiedades, todas sus preocupaciones, de una vez y para siempre] en él, porque él tiene cuidado de ustedes [con profundo afecto y los cuida con mucho cuidado]. *1 Pedro 5:6-7 (traducción literal al español de la Biblia Amplificada en inglés)*

Preguntas para Reflexionar

1. ¿Qué significa para ti humillarte ante Dios, y por qué es importante?

2. ¿Cómo entregas genuinamente tus preocupaciones a Dios? ¿Puedes compartir una experiencia reciente en la que conscientemente entregaste una preocupación a Él?

3. ¿Qué pasos puedes tomar para dejar ir tus preocupaciones una vez que las has confiado a Dios y tener fe en Su cuidado?

Día 19

¿Qué te preocupa hoy? ¿Qué ha capturado tu atención? ¿En qué pensaste antes de acostarte y qué llenó tu mente al despertar?

Recuerda, tus primeros pensamientos por la mañana marcan el rumbo para el resto de tu día. Si permites que la negatividad y la ansiedad ocupen tu atención, establecerán el tono de cómo interactúas con las personas y cómo procesas los altibajos que se presentan. Pero si reemplazas los pensamientos negativos con confianza en Dios al depositar tus preocupaciones en Él, cambiarás la dirección de tu corazón, mente y voluntad, lo que inevitablemente transformará el curso de tu día.

Me encanta la razón detrás del mandato bíblico, "Pongan en él todas sus ansiedades". El versículo dice, "porque Él cuida de ustedes". Él te ama. Te ve. Te conoce. A Dios le importas, así que le importa lo que a ti te importa. Por eso no tienes que caer en el miedo o la preocupación.

Antes de que la ansiedad se convierta en una cascada de pensamientos y sentimientos negativos, aprende a detenerla en la primera preocupación. Antes de que el miedo se convierta en una avalancha de pensamientos negativos, arroja la preocupación al Señor. Cada mañana, convierte esos pensamientos negativos en oración, que es un arma en tu armadura espiritual. En lugar de permitir que la preocupación sea utilizada como un arma por el enemigo en tu contra, haz que sea una señal para orar. Cuando la parálisis del miedo se levante, transfórmala en una oración enfocada y llena de fe.

Es así de simple. Prácticamente hablando, si te despiertas con un pensamiento negativo o tóxico, ora: "Jesús, sé que te preocupas por las cosas que me conciernen, así que te lo doy. Lo echo sobre ti. Te entrego mis pensamientos y sentimientos ansiosos. Te entrego las situaciones y circunstancias".

Deja que el Dios que cuida del universo lleve las cosas que te están pesando. Él quiere hacer eso por ti, ¡y es mucho mejor haciéndolo que tú!

Lectura Bíblica

Pongan todas sus preocupaciones y ansiedades en las manos de Dios, porque él cuida de ustedes. *1 Pedro 5:7*

Confía en el S\ENOR y haz el bien;
entonces vivirás seguro en la tierra y prosperarás. Deléitate en el S\ENOR,
y él te concederá los deseos de tu corazón.
Entrega al S\ENOR todo lo que haces;
confía en él, y él te ayudará.
Él hará resplandecer tu inocencia como el amanecer,
y la justicia de tu causa brillará como el sol de mediodía.
Salmo 37:3-6

Preguntas para Reflexionar

1. ¿Por qué crees que Dios quiere que le entregues tus preocupaciones?

2. ¿De qué manera pueden transformarse tu corazón y mente al convertir las ansiedades en oraciones cada mañana?

3. ¿Cómo te ayuda saber que Dios se preocupa por ti a confiar más en Él?

Día 20

Hoy te invito a orar lo que quizás sea la oración más simple y sincera de todas: "Jesús, te necesito". La palabra "necesitar" abarca mucho. Piensa en un niño llamando a sus padres: "Mamá, te necesito. Papá, te necesito". Pueden necesitar consuelo después de una pesadilla, ayuda para alcanzar un juguete en el estante superior, o un curita después de caerse y rasparse el codo. De la misma manera, podemos acercarnos a Dios con todas nuestras necesidades. Él es nuestro Padre Celestial y siempre está cerca de nosotros, listo para ayudarnos.

Antes de explorar algunas de las maneras en que Dios satisface nuestras necesidades, comencemos con la necesidad más importante de todas: Jesús mismo. En Juan 15:5, Jesús declara: "Ciertamente, yo soy la vid; ustedes son las ramas. Los que permanecen en mí y yo en ellos producirán mucho fruto porque, separados de mí, no pueden hacer nada". Jesús recordaba a sus discípulos su dependencia absoluta de Dios. Cuando oras, "Jesús, te necesito", te estás recordando a ti mismo esa misma verdad y estás abriendo tu corazón y tu conciencia a Su presencia.

La palabra "permanecer" enfatiza la importancia de una relación cercana, duradera e íntima con Jesús. Estar con Jesús no es una decisión única al aceptar la salvación. No es una etiqueta, un ritual o una religión. Es relación. Es caminar con Él de manera continua, acercándote más a Él, entendiendo mejor, y viéndote a ti mismo a través de Sus ojos.

Jesús dijo que aparte de Él, no puedes hacer nada. Esto

nos señala que tu necesidad más básica es Dios mismo. Él es todo lo que necesitarás y todo lo que necesitas se encuentra en Él. Tu necesidad de Él y tu necesidad de Su ayuda están interconectadas.

Necesitas a Jesús en tu vida. No solo para ayudarte con los desafíos que enfrentas, sino para estar presente, amarte, caminar contigo, sostenerte y simplemente estar contigo. Fuiste creado para estar con Jesús, 24/7, los 365 días del año, dondequiera que vayas y en todo lo que hagas.

Esta mañana, invita a Jesús a tu día, a tus pensamientos y a tus sentimientos. Susurra, "Te necesito" hacia Él y permite que Su presencia se convierta en tu enfoque y tu lugar de seguridad.

Lectura Bíblica

Ciertamente, yo soy la vid; ustedes son las ramas. Los que permanecen en mí y yo en ellos producirán mucho fruto porque, separados de mí, no pueden hacer nada. *Juan 15:5*

Dios es nuestro refugio y nuestra fuerza; siempre está dispuesto a ayudar en tiempos de dificultad. *Salmo 46:1*

Ahora todos podemos tener acceso al Padre por medio del mismo Espíritu Santo gracias a lo que Cristo hizo por nosotros. *Efesios 2:18*

Enseñen a los nuevos discípulos a obedecer todos los mandatos que les he dado. Y tengan por seguro esto: que estoy con ustedes siempre, hasta el fin de los tiempos. *Mateo 28:20*

Preguntas para Reflexionar

1. ¿Qué palabras usarías para describir tu relación con Jesús?

2. ¿Cómo te gustaría que creciera y cambiara tu conexión con Jesús en el futuro?

3. ¿Qué pasos prácticos podrías tomar para profundizar en tu relación y dependencia de Jesús, asegurándote de "permanecer" en Él?

Día 21

Al llegar al final de la semana 3 en la Experiencia de Adoración de 40 Días, estamos explorando la sencilla oración, "Jesús, te necesito".

La hermosa verdad que resalta esta oración es que Jesús es la fuente de la ayuda que necesitas. Si eres como yo, puede ser fácil concentrarte tanto en lo que necesitas —finanzas, sabiduría, fuerza, sanidad— que casi pierdes de vista a quién necesitas: a Dios. Él es la fuente de tu ayuda.

Permite que tus necesidades sentidas enfoquen tu atención en aquel que suple todas tus necesidades. Si te despiertas cargado o abrumado por las preocupaciones de la vida, o si obstáculos abrumadores y temores imponentes proyectan sombras sobre tu día, acude a Dios. Ora: "Jesús, te necesito. Necesito ayuda. Necesito valentía. Necesito sabiduría. Necesito que abras puertas para mí". La Biblia dice: "Dios es nuestro refugio y nuestra fuerza; siempre está dispuesto a ayudar en tiempos de dificultad." (Salmo 46:1). La palabra hebrea traducida como "siempre dispuesto" significa estar extraordinariamente dispuesto para estar presente. En otras palabras, la ayuda que Dios te ofrece no es débil, no está reacia ni se demora. Su ayuda es fuerte y poderosa. Está listo, dispuesto y completamente capaz de satisfacer tus necesidades.

El Salmo 121 dice: "Levanto la vista hacia las montañas; ¿viene de allí mi ayuda? Mi ayuda viene del Señor". La pregunta es retórica. El salmista sabe que su ayuda no proviene de los montes, sino del Señor. Los montes representaban una esperanza terrenal, una fuente de ayuda limitada e improbable. Me pregunto, ¿con qué frecuencia miramos hacia "montañas" en nuestras vidas, esperando que la ayuda llegue desde algún lugar más allá del horizonte, cuando tenemos a Dios con nosotros todo el tiempo? En lugar de mirar ansiosamente hacia fuentes terrenales de ayuda, debemos volver nuestros ojos a Dios, sabiendo que "nuestra ayuda viene del Señor".

Esta mañana, considera las necesidades más apremiantes en tu mente. Luego, acude a Jesús en oración. Dile lo que necesitas. Deposita tus preocupaciones en Él, porque Él se preocupa por ti.

Lectura Bíblica

"Dios es nuestro refugio y nuestra fuerza; siempre está
dispuesto a ayudar en tiempos de dificultad."
Salmo 46:1
Levanto la vista hacia las montañas;
¿viene de allí mi ayuda?
¡Mi ayuda viene del SEÑOR,
quien hizo el cielo y la tierra!
Él no permitirá que tropieces;
el que te cuida no se dormirá.
En efecto, el que cuida a Israel
nunca duerme ni se adormece.
¡El SEÑOR mismo te cuida!
El SEÑOR está a tu lado como tu sombra protectora.
El sol no te hará daño durante el día,
ni la luna durante la noche.
El SEÑOR te libra de todo mal
y cuida tu vida.
El SEÑOR te protege al entrar y al salir,
ahora y para siempre.
Salmo 121

El SEÑOR oye a los suyos cuando claman a él por ayuda; los
rescata de todas sus dificultades.
Salmo 34:17

Preguntas para Reflexionar

1. Cuando consideras la presencia de Dios en tu
    vida, ¿qué significa para ti personalmente la frase
    "siempre dispuesto para ayudar"?

2. ¿Puedes describir un momento en el que
    experimentaste la respuesta inmediata de Dios o su
    presencia tangible después de una oración?

3. ¿Qué necesitas de Dios esta mañana?

Día 22

¿Te sientes abrumado por alguna de las cosas en tu lista de tareas hoy? ¿Estás ansioso o nervioso por lo que se avecina, como si no fueras suficiente para lo que tienes que hacer? Conozco demasiado bien esa sensación, como creo que la mayoría de nosotros. La vida es grande, impredecible y desafiante. Cuando enfrentamos obstáculos que parecen demasiado grandes, es fácil sentirse pequeño y condenado al fracaso.

En momentos como estos, la oración "Jesús, te necesito" es poderosa. Y no tienes que detenerte con esas cuatro palabras. Llena el espacio en blanco. "Jesús, necesito tu provisión para las facturas que tengo que pagar. Jesús, necesito tu sabiduría para llegar al corazón de mi adolescente hoy. Jesús, necesito tu orientación al tomar esta decisión laboral".

No sabes todo lo que te depara el futuro ni cómo lo enfrentarás, pero Dios sí lo sabe, y está lleno de emoción y confianza por la vida que tienes por delante. Recuerda, Él te creó y te llama. Él te acompaña, te capacita y te guía. Él te hace suficiente para las tareas que tienes por delante.

La Biblia contiene innumerables historias de personas a las que Dios llamó a realizar tareas desafiantes, a menudo imposibles. Moisés liberó a Israel de Egipto. Josué condujo a Israel a la Tierra Prometida. Rahab ayudó a los espías y salvó a su familia. David venció a un gigante. María dio a luz a Jesús. La mujer samaritana habló de Jesús a toda su aldea. Pablo pasó por naufragios y persecuciones.

Cada una de estas personas y cientos más enfrentaron debilidades similares a las que enfrentamos nosotros. Eran débiles, tenían recursos limitados, cometieron errores, perdieron los estribos, cayeron en la tentación, tomaron decisiones equivocadas y más. Pero al final del día, confiaron lo suficiente en Dios como para seguirlo, y sus pasos de fe y obediencia llevaron a la victoria.

¿Necesitas fuerza y valentía? ¿Necesitas sabiduría e comprensión? ¿Necesitas gracia y orientación? Acude a Dios. "Jesús, te necesito". Que esa sea la oración de tu corazón no solo esta mañana, sino durante todo el día. Luego, enfrenta cada desafío con fe y creatividad inspirada por Dios. Tu lista de tareas no intimida a un Dios todopoderoso. En Él, eres suficiente para el día que tienes por delante.

Lectura Bíblica

Así que podemos decir con toda confianza:
"El Señor es quien me ayuda, por tanto, no temeré. ¿Qué me puede hacer un simple mortal?"
Hebreos 13:6

Por el momento, tengo todo lo que necesito, ¡y aún más! Estoy bien abastecido con las ofrendas que ustedes me enviaron por medio de Epafrodito. Son un sacrificio de olor fragante aceptable y agradable a Dios. Y este mismo Dios quien me cuida suplirá todo lo que necesiten, de las gloriosas riquezas que nos ha dado por medio de Cristo Jesús. *Filipenses 4:18-19*

No tengas miedo, porque yo estoy contigo; no te desalientes, porque yo soy tu Dios.
Te daré fuerzas y te ayudaré; te sostendré con mi mano derecha victoriosa.
Isaías 41:1

Preguntas para Reflexionar

1. ¿Hay algo en el horizonte, especialmente hoy, que te haga sentir nervioso, asustado o incómodo? ¿Cómo podría la oración ayudarte a recuperar tu confianza?

2. ¿Quién en la Biblia te resulta más inspirador? ¿Qué podrías aprender de su vida acerca de confiar en Dios y enfrentar obstáculos con valentía?

3. Cuando te sientes abrumado, ¿cómo sueles responder? ¿Hay algo que deberías cambiar en esa respuesta?

Día 23

Creo que es parte de la naturaleza humana notar rápidamente nuestras debilidades y fracasos. Hay un lugar para eso, por supuesto, porque siempre debemos tratar de mejorar. Pero con demasiada frecuencia, esas debilidades pueden convertirse en etiquetas y límites que nos impiden entrar en el llamado de Dios. Cuando olvidamos enfocarnos en la fortaleza de Dios, nuestras debilidades ganan demasiado poder sobre nosotros. Por eso, la simple oración "Jesús, te necesito" es tan necesaria. Es un recordatorio de que nuestras limitaciones no tienen la última palabra. Dios sí la tiene.

El apóstol Pablo entendió esto. Estaba luchando con algo que lo afectaba mucho, y escribió lo siguiente:

"En tres ocasiones distintas, le supliqué al Señor que me la quitara. Cada vez él me dijo: "Mi gracia es todo lo que necesitas; mi poder actúa mejor en la debilidad". Así que ahora me alegra jactarme de mis debilidades, para que el poder de Cristo pueda actuar a través de mí. Es por esto que me deleito en mis debilidades, y en los insultos, en privaciones, persecuciones y dificultades que sufro por Cristo. Pues, cuando soy débil, entonces soy fuerte." 2 Corintios 12:8-10.

Observa cómo Dios ve las debilidades y limitaciones de manera diferente a como tú podrías hacerlo. Son oportunidades para que su fuerza resplandezca, para que su poder se manifieste y para que su gloria sea vista. Esto no es cierto solo para Pablo, sino también para ti y para mí. Tus debilidades no tienen la última palabra en lo que Dios puede o no puede hacer a través de ti.

¿Qué tan grandes son tus fracasos y limitaciones en tu mente? ¿Te causan tanta vergüenza o miedo que piensas que es imposible continuar? ¿Estás tan enfocado en tus debilidades que no puedes ver la fuerza de Dios que te rodea y te capacita? ¡He estado allí más veces de las que puedo recordar!

Cada día, Dios te coloca en situaciones específicas y significativas para llevar a cabo su voluntad perfecta. Tus mañanas con el Señor sirven como un tiempo de preparación donde puedes recibir su amor, coraje y valentía. El resto del día se convierte en una oportunidad para manifestar su reino en la tierra mientras te embarcas en las tareas que Él tiene para ti. Eres sus manos y pies, y las tareas que Él te encomienda a menudo requerirán coraje y valentía porque están más allá de tus habilidades naturales.

Recuerda que es Dios quien te llama a estas tareas, y Él te ayuda a llevarlas a cabo. Al confiar en Dios y permitirle satisfacer tus necesidades, tus limitaciones se convierten en oportunidades para que su fuerza resplandezca.

Lectura Bíblica

En tres ocasiones distintas, le supliqué al Señor que me la quitara. Cada vez él me dijo: "Mi gracia es todo lo que necesitas; mi poder actúa mejor en la debilidad". Así que ahora me alegra jactarme de mis debilidades, para que el poder de Cristo pueda actuar a través de mí. Es por esto que me deleito en mis debilidades, y en los insultos, en privaciones, persecuciones y dificultades que sufro por Cristo. Pues, cuando soy débil, entonces soy fuerte.
2 Corintios 12:8-10

Y oren también por mí. Pídanle a Dios que me dé las palabras adecuadas para poder explicar con valor su misterioso plan: que la Buena Noticia es para judíos y gentiles por igual. *Efesios 6:19*

Y dado que estoy preso, la mayoría de los creyentes de este lugar han aumentado su confianza y anuncian con valentía el mensaje de Dios sin temor. *Filipenses 1:14*

Pues Dios no nos ha dado un espíritu de temor y timidez sino de poder, amor y autodisciplina. *2 Timoteo 1:7*

Gracias a Cristo y a nuestra fe en él, podemos entrar en la presencia de Dios con toda libertad y confianza. *Efesios 3:12*

Preguntas para Reflexionar

1. ¿Puedes pensar en una situación en la que parecía
   que Dios estaba utilizando tus circunstancias
   desafiantes para cumplir propósitos positivos?
   ¿Cuál fue tu respuesta?

2. ¿De qué maneras la certeza de que Dios te da valor
   y valentía te inspira a entrar en Sus propósitos,
   incluso cuando es desafiante?

3. ¿Puedes recordar un momento en el que tus propias
   debilidades permitieron que las fortalezas de Dios
   brillaran? ¿Cómo cambió esto tu perspectiva?

Día 24

La quinta oración sencilla que vamos a explorar es esta: "Jesús, gracias". La gratitud es la piedra angular de un corazón lleno de alegría, y cultivar una "actitud de gratitud" es un hábito que impactará positivamente tus acciones, palabras y relaciones. Piensa en ello, ¿te gusta pasar tiempo con personas que siempre se quejan? ¿O preferirías estar con alguien que puede ver tanto lo malo como lo bueno y que elige enfocarse en lo bueno?

La gratitud no se trata de negar la realidad, sino de cambiar tu perspectiva desde el problema o dolor inmediato hacia los beneficios a largo plazo de lo que estás experimentando. La Biblia dice: "Sean agradecidos en toda circunstancia, pues esta es la voluntad de Dios para ustedes, los que pertenecen a Cristo Jesús" (1 Tesalonicenses 5:18). El hecho de que Dios nos diga que seamos agradecidos es importante porque significa que la gratitud es una elección. Es una decisión consciente que puedes tomar en cualquier momento. Como puedes cambiar tu perspectiva de esta manera, no tienes que ser controlado por circunstancias difíciles.

La gratitud te ayuda a vencer a dos enemigos insidiosos: la comparación y la queja. La gratitud corta a través de estas trampas que el enemigo establece para atraparte. En lugar de caer en la envidia o el descontento, puedes orar: "Jesús, ¡gracias! Gracias por esta situación. Gracias por acompañarme en este viaje. Gracias porque no estoy solo. Gracias porque creceré a través de esto. Gracias porque tu gracia es suficiente para mí".

La gratitud es un catalizador para la alegría no solo a nivel espiritual sino también a nivel físico. He leído que cuando expresas gratitud, tu cerebro libera neurotransmisores como la dopamina, la serotonina y la oxitocina que mejoran tu estado de ánimo y generan sentimientos de felicidad y contentamiento. Estas sustancias químicas desempeñan un papel vital en tu bienestar emocional.

Mientras ores esta mañana, recuerda el poder de esta simple oración: "Gracias, Jesús". Deja que tu gratitud trascienda las circunstancias, rompa las cadenas de la comparación y la queja, y te guíe hacia la voluntad de Dios.

Lectura Bíblica

Sean agradecidos en toda circunstancia, pues esta es la voluntad de Dios para ustedes, los que pertenecen a Cristo Jesús. *1 Tesalonicenses 5:18*

Amados hermanos y hermanas, cuando tengan que enfrentar cualquier tipo de problemas, considérenlo como un tiempo para alegrarse, porque ustedes saben que, siempre que se pone a prueba la fe, la constancia tiene una oportunidad para desarrollarse. Así que dejen que crezca, pues una vez que su constancia se haya desarrollado plenamente, serán perfectos y completos, y no les faltará nada. *Santiago 1:2-4*

Mientras Jesús seguía camino a Jerusalén, llegó a la frontera entre Galilea y Samaria. Al entrar en una aldea, diez hombres con lepra se quedaron a la distancia, gritando: "¡Jesús! ¡Maestro! ¡Ten compasión de nosotros!" Jesús los miró y dijo: "Vayan y preséntense a los sacerdotes". Y, mientras ellos iban, quedaron limpios de la lepra. Uno de ellos, cuando vio que estaba sano, volvió a Jesús, y exclamó: "¡Alaben a Dios!". Y cayó al suelo, a los pies de Jesús, y le agradeció por lo que había hecho. Ese hombre era samaritano. Jesús preguntó: "¿No sané a diez hombres? ¿Dónde están los otros nueve? ¿Ninguno volvió para darle gloria a Dios excepto este extranjero?". Y Jesús le dijo al hombre: "Levántate y sigue tu camino. Tu fe te ha sanado". *Lucas 17:11-19*

1. ¿Sueles ser más optimista o pesimista? ¿Crees que deberías incorporar más gratitud en tu vida? ¿Cómo podrías hacerlo?

2. Cuando te enfrentas a desafíos, ¿cómo mantienes la gratitud? ¿Cómo podría ayudarte la oración?

3. ¿Cómo cambia tu perspectiva sobre las circunstancias difíciles al elegir la gratitud en lugar de la comparación y la queja?

Día 25

Creo que a menudo olvidamos cuán poderosos son nuestros pensamientos. Son poderosos primero porque afectan nuestras decisiones, emociones, conversaciones y acciones; y segundo porque están bajo nuestro control. Podemos elegir en qué nos enfocamos. Eso significa que incluso en medio del caos, la confusión y la locura de la vida, podemos tener una gran influencia en nuestro mundo simplemente eligiendo la positividad sobre la negatividad.

La simple oración "Jesús, gracias" es una forma de reclamar esta autonomía. ¿Por qué? Porque cambia tu enfoque de las cosas malas que te rodean hacia el buen Dios al que sirves. Siempre puedes encontrar razones para desanimarte o quejarte. Pero si te detienes, reflexionas y oras, encontrarás aún más razones para agradecer a Jesús por lo que ha hecho, está haciendo y seguirá haciendo.

El Salmo 100:4 dice: "Entren por sus puertas con acción de gracias; vayan a sus atrios con alabanza. Denle gracias y alaben su nombre". Esto es un recordatorio para recalibrar tu actitud en la presencia de Dios. Desde el momento en que te acercas a Él en oración, comienza a cambiar de quejarte a confiar, y de temer a tener fe. Esto no significa que nunca debas orar por lo que está mal o lo que necesitas. Como vimos anteriormente, "Jesús, te necesito" es una oración poderosa y oportuna. La gratitud no se trata de ignorar las cosas malas, sino de ver el panorama más amplio. Se trata de notar lo bueno, así como lo malo, e incluso lo bueno que está oculto en lo malo.

Estoy seguro de que hay mañanas en las que te despiertas sintiéndote nublado y abrumado, pero practicar la gratitud y la alabanza puede romper ese enfoque negativo y devolver la bondad y la presencia de Dios al centro de tu mente. La gratitud tiene una forma de interrumpir rápidamente el ciclo negativo de desesperación al que tu cerebro podría estar acostumbrado. Restaura tu capacidad para elegir tu actitud y cambia tu enfoque hacia tu día.

Hoy, comienza tu tiempo de oración con una simple expresión de gratitud y alabanza. Inhala, diciendo: "Gracias, Jesús", y exhala, diciendo: "Señor, te alabo". Luego personaliza la oración. "Jesús, gracias por _____". Llena el espacio en blanco con tantas cosas como puedas pensar, y observa cómo tu mente se aclara, tu corazón se tranquiliza y tu rostro comienza a reflejar la alegría del Señor.

Lectura Bíblica

¡Aclamen con alegría al Señor, habitantes de toda la tierra!
Adoren al Señor con gozo.
Vengan ante él cantando con alegría.
¡Reconozcan que el Señor es Dios!
Él nos hizo, y le pertenecemos;
somos su pueblo, ovejas de su prado.
Entren por sus puertas con acción de gracias;
vayan a sus atrios con alabanza.
Denle gracias y alaben su nombre.
Pues el Señor es bueno.
Su amor inagotable permanece para siempre,
y su fidelidad continúa de generación en generación. *Salmo 100*

¡Den gracias al Señor, porque él es bueno!
Su fiel amor perdura para siempre.
Salmo 107:1

Acerquémonos a él con acción de gracias.
Cantémosle salmos de alabanza,
porque el Señor es Dios grande,
un gran Rey sobre todos los dioses.
Salmo 95:2-3

Preguntas para Reflexionar

1. ¿Cómo puede elegir estar agradecido y ofrecer alabanza cada mañana transformar tu corazón y espíritu?

2. ¿Hay momentos o situaciones particulares en los que elegir la gratitud te parezca especialmente desafiante?

3. ¿Por qué estás agradecido hoy?

Día 26

Hemos estado explorando esta oración simple pero poderosa: "Jesús, gracias". Anteriormente, leímos 1 Tesalonicenses 5:18, que dice: "Sean agradecidos en toda circunstancia, pues esta es la voluntad de Dios para ustedes, los que pertenecen a Cristo Jesús". La palabra "toda" me resulta interesante. Es una cosa dar gracias en "algunas" circunstancias o incluso en "la mayoría" de ellas. ¿Pero en todas?

El punto que Pablo estaba haciendo no era que debas estar feliz cuando suceden cosas malas. No creo que Dios espere que saltes de alegría por cada enfermedad, tragedia o mala noticia, como una forma de masoquismo espiritual. El punto es permanecer agradecido en y a través de todas estas circunstancias. Este mandato de dar gracias tiene menos que ver con decir ciertas palabras y más con adoptar la gratitud como un estilo de vida, independientemente de las circunstancias.

La gratitud es un filtro a través del cual ver el mundo. Cuando eres una persona agradecida, miras las cosas de manera diferente. Ves el lado positivo en las nubes. Ves la esperanza en el horizonte. Crees que Dios está trabajando todas las cosas juntas para bien, lo que significa que puedes dar gracias en todas las circunstancias.

Practicar la gratitud invita a Dios a trabajar de maneras nuevas en cada circunstancia, independientemente de las dificultades que enfrentes. Es una elección diaria que construye resistencia contra emociones negativas como el resentimiento, la amargura y la ira, y te ayuda a permanecer en el flujo del Espíritu.

La gratitud libera dopamina, serotonina y otros neurotransmisores "que hacen sentir bien", como mencioné anteriormente. En esencia, practicar la gratitud te hace sentir más feliz desde adentro. Libera alegría, como describe el Salmo 9:1-2: "Te alabaré, SEÑOR, con todo mi corazón; contaré de las cosas maravillosas que has hecho. Gracias a ti, estaré lleno de alegría". En mi experiencia, participar en la acción de gracias y la alabanza, especialmente a través de la música de adoración, libera esta alegría y fortalece el alma.

Para aumentar tu gratitud, considera hacer una lista de agradecimiento. Documenta todo por lo que estás agradecido y agrégale elementos diariamente. Esto ayudará a evitar que el murmullo y la queja se apoderen de tu corazón, y será una protección contra las trampas de la comparación y la codicia.

Lectura Bíblica

Sean agradecidos en toda circunstancia, pues esta es la voluntad de Dios para ustedes, los que pertenecen a Cristo Jesús. *1 Tesalonicenses 5:18*

Nehemías continuó diciendo: "Vayan y festejen con un banquete de deliciosos alimentos y bebidas dulces, y regalen porciones de comida a los que no tienen nada preparado. Este es un día sagrado delante de nuestro SEÑOR. ¡No se desalienten ni entristezcan, porque el gozo del SEÑOR es su fuerza!". *Nehemías 8:10*

Te alabaré, SEÑOR, con todo mi corazón;
contaré de las cosas maravillosas que has hecho.
Gracias a ti, estaré lleno de alegría;
cantaré alabanzas a tu nombre, oh Altísimo.
Salmo 9:1–2

El SEÑOR es mi fortaleza y mi escudo;
confío en él con todo mi corazón.
Me da su ayuda y mi corazón se llena de alegría;
prorrumpo en canciones de acción de gracias.
Salmo 28:7

Ustedes aman a Jesucristo a pesar de que nunca lo han visto. Aunque ahora no lo ven, confían en él y se gozan con una alegría gloriosa e indescriptible. *1 Pedro 1:8*

Preguntas para Reflexionar

1. ¿Cómo funciona la gratitud como defensa
    contra emociones y actitudes negativas como el
    resentimiento y la amargura?

2. ¿De qué manera fortalece la gratitud tu sentido
    interno de alegría y resistencia?

3. ¿Qué pasos prácticos puedes tomar para cultivar el
    hábito de la gratitud en tu rutina diaria?

Día 27

"Jesús, gracias". Esta sencilla oración consta de solo tres palabras, pero tiene un poder profundo para transformarte desde adentro.

En primer lugar, la gratitud transforma tu estado mental. Como ya hemos visto, expresar gratitud te afecta a nivel emocional, mental y físico, desencadenando la liberación de hormonas que aportan estabilidad emocional y bienestar. Esto no es casualidad; en realidad Dios diseñó tu cuerpo para beneficiarse de la gratitud.

En segundo lugar, transforma tu relación con Dios. No eres simplemente agradecido en un sentido genérico e impersonal. Estás agradecido a Dios. Él es el objeto de tu aprecio y alabanza. La gratitud te mantiene cerca de Aquel que ha provisto para todas tus necesidades.

En tercer lugar, la gratitud transforma tu perspectiva. Te recuerda que la vida es más grande que tus circunstancias inmediatas. Hay cosas sucediendo bajo la superficie, y hay cosas buenas por delante. Mantener la gratitud amplía tu mundo y te ayuda a resistir los ciclos de desesperación y negatividad que provienen de centrarte demasiado en los problemas.

Finalmente, la gratitud transforma la forma en que te presentas en tu mundo. ¿Recuerdas a Tigger e Igor de Winnie the Pooh? Igor siempre estaba melancólico, triste y negativo, mientras que Tigger era inquebrantablemente feliz, casi hasta el extremo. Winnie the Pooh estaba en algún punto intermedio: podía ver tanto lo bueno como lo malo, pero nunca permitía que las cosas malas lo derribaran. En tu vida, ¿te inclinas hacia algún extremo? ¿Eres crónicamente negativo, como Igor, o tal vez un poco demasiado ajeno a los problemas, como Tigger? ¿O has descubierto cómo abrazar tanto lo bueno como lo malo, permaneciendo agradecido incluso en medio de tiempos difíciles?

El poder del agradecimiento no puede subestimarse. Tiene el potencial de transformarte en muchos niveles. Y, como un músculo que se fortalece con el ejercicio, tu capacidad para el agradecimiento aumenta a medida que lo practicas. Cuanto más recurres a la gratitud, más verás los beneficios de ella y más rápido serás para hacer este cambio crucial de perspectiva.

Al orar esta mañana, concéntrate en la gratitud. Di: "Jesús, gracias" y deja que la gratitud te transforme desde adentro.

Lectura Bíblica

Entren por sus puertas con acción de gracias;
vayan a sus atrios con alabanza.
Denle gracias y alaben su nombre.
Pues el SEÑOR es bueno.
Su amor inagotable permanece para siempre,
y su fidelidad continúa de generación en generación.
Salmo 100:4-5

Y todo lo que hagan o digan, háganlo como representantes
del Señor Jesús y den gracias a Dios Padre por medio de él.
Colosenses 3:17

Acerquémonos a él con acción de gracias.
Cantémosle salmos de alabanza.
Salmo 95:2

¡Den gracias al SEÑOR, porque él es bueno!
Su fiel amor perdura para siempre.
Salmo 118:1

Que alaben al SEÑOR por su gran amor
y por las obras maravillosas que ha hecho a favor de ellos.
Que ofrezcan sacrificios de agradecimiento
y canten con alegría por sus gloriosos actos.
Salmo 107:21-22

Preguntas para Reflexionar

1. ¿De qué maneras prácticas puedes ejercitar tu "músculo de agradecimiento" para fortalecerlo con el tiempo?

2. ¿Cómo ha enriquecido tu vida la gratitud?

3. Considera los aspectos más desafiantes o preocupantes de tu vida hoy. ¿Qué puedes encontrar para agradecer incluso en esas áreas? ¿Cómo podría cambiar tu perspectiva para ayudarte a enfrentar mejor esos desafíos?

Día 28

A medida que concluimos nuestra cuarta semana del Viaje de 40 Días, vamos a dirigirnos a otra oración simple: "Jesús, te amo".

Esta oración es, ante todo, una respuesta al amor de Dios derramado en nuestras vidas. Juan escribió: "Nosotros amamos porque él nos amó primero" (1 Juan 4:19 NVI). Dios tomó la iniciativa de amarnos, y a medida que experimentamos ese amor y sentimos la seguridad y la fuerza que nos brinda, nuestra respuesta natural es amarlo también.

Es importante tener este orden divino en mente, porque la oración no se trata de lograr que Dios te ame más. Cuando alabas a Dios, le agradeces y expresas tu amor por él, no debería ser desde un lugar de inseguridad o miedo. Estás seguro en sus brazos y en su amor. Nunca te amará más ni menos de lo que te ama hoy.

La oración de Pablo en Efesios 3:18-19, que examinamos anteriormente en la Experiencia de Adoración de 40 Días, enfatiza la profunda magnitud del amor de Dios: "Espero que puedan comprender [...] cuán ancho, largo, alto y profundo es su amor. Es mi deseo que experimenten el amor de Cristo, aun cuando es demasiado grande para comprenderlo todo".

Te animo a entregar tu corazón a Dios hoy y permitir que su amor te llene. No puedes ganarlo y no tienes que entenderlo. Solo tienes que aceptarlo. Esta entrega activa el centro del amor en lo más profundo de tus emociones, disipando el miedo y energizando la fe.

Dedica unos momentos esta mañana para recibir el amor de Dios y expresar tu amor por él. Si te resulta difícil sentirte amado, permite que Dios sane esa parte de tu corazón. Permite que silencie las voces del miedo, la vergüenza y el estrés, y que las reemplace con la certeza de que eres amado por Dios y estás seguro en ese amor.

Lectura Bíblica

Queridos amigos, sigamos amándonos unos a otros, porque el amor viene de Dios. Todo el que ama es un hijo de Dios y conoce a Dios; pero el que no ama no conoce a Dios, porque Dios es amor. Dios mostró cuánto nos ama al enviar a su único Hijo al mundo, para que tengamos vida eterna por medio de él. En esto consiste el amor verdadero: no en que nosotros hayamos amado a Dios, sino en que él nos amó a nosotros y envió a su Hijo como sacrificio para quitar nuestros pecados. *1 Juan 4:7-10*

En esa clase de amor no hay temor, porque el amor perfecto expulsa todo temor. Si tenemos miedo es por temor al castigo, y esto muestra que no hemos experimentado plenamente el perfecto amor de Dios. Nos amamos unos a otros, porque él nos amó primero. *1 Juan 4:18-19*

En Cristo Jesús de nada sirve estar o no estar circuncidados; lo que vale es la fe que actúa mediante el amor. *Gálatas 5:6 NVI*

Espero que puedan comprender, como corresponde a todo el pueblo de Dios, cuán ancho, cuán largo, cuán alto y cuán profundo es su amor. Es mi deseo que experimenten el amor de Cristo, aun cuando es demasiado grande para comprenderlo todo. Entonces serán completos con toda la plenitud de la vida y el poder que proviene de Dios. *Efesios 3:18-19*

Preguntas para Reflexionar

1. ¿Cómo te sientes al contemplar la profundidad y amplitud del amor de Dios?

2. ¿Te resulta difícil creer en el amor de Dios por ti? ¿Por qué o por qué no?

3. ¿Cómo podrías crecer en tu percepción y experiencia de Su amor hacia ti?

Día 29

¿A quién le dices regularmente "Te amo"? ¿Quizás a tu cónyuge? ¿A tus hijos? ¿A tus padres? ¿A un amigo cercano? ¿A tu perro? Con la excepción del perro, esperamos que todos respondan "Te amo" de vuelta (aunque los perros tienen sus propias formas de mostrar amor, por supuesto).

Expresar amor es algo hermoso. Como seres humanos, fuimos creados para amar y ser amados. Es parte de nuestra naturaleza. Necesitamos sentirnos apreciados, valorados, cuidados y aceptados. Esta necesidad de amor proviene del mismo Dios, que es amor. Por eso, la simple oración "Jesús, te amo" es tan importante. Toca una necesidad humana profunda, una que nos conecta con Dios.

Nada puede igualar la profundidad del amor de Dios, y Su amor satisface nuestra necesidad innata de ser valorados. Es intrínseco a la naturaleza de Dios amarnos, y nuestra respuesta sincera es simple: amarlo a Él también.

El amor no puede ser forzado ni fingido, pero ciertamente puede crecer. Si piensas en cómo se desarrollan tus amistades o cómo surge un romance, verás cómo el crecimiento del amor es un reflejo del tiempo compartido, de conversaciones y experiencias compartidas, de momentos de vulnerabilidad y apertura.

Eso es lo que sucede durante estos quince minutos a solas con el Señor cada mañana. Estás desarrollando una relación. Estás aprendiendo a recibir el amor de Dios y a expresar tu amor por Él. Te sientes más cómodo con Él y aprendes a ser vulnerable y confiar en Su presencia.

Recuerda, el amor de Dios por ti es la parte más importante de esta relación. Si te sientes inseguro en tu fe, o si has cometido errores y sientes vergüenza o culpa, o si la vida es difícil y luchas con el miedo o el dolor, puedes confiar en el amor inmutable de Dios. La Biblia dice en Efesios 2:4-5: "Pero Dios es tan rico en misericordia y nos amó tanto que, a pesar de que estábamos muertos por causa de nuestros pecados, nos dio vida cuando levantó a Cristo de los muertos (¡Es solo por la gracia de Dios que ustedes han sido salvados!)". Él te amó mucho antes de que lo buscaras, y no te rechazará ahora.

Esta mañana, comienza a expresar tu amor a Dios. "Jesús, te amo". Mientras dices las palabras, deja que tu corazón encuentre seguridad en Él. Inclínate hacia la relación, buscando sentir Su presencia y escuchar Su voz. Él está cerca de ti, y Su amor te está acercando.

Lectura Bíblica

¿Acaso hay algo que pueda separarnos del amor de Cristo? ¿Será que él ya no nos ama si tenemos problemas o aflicciones, si somos perseguidos o pasamos hambre o estamos en la miseria o en peligro o bajo amenaza de muerte? Como dicen las Escrituras: "Por tu causa nos matan cada día; nos tratan como a ovejas en el matadero". Claro que no, a pesar de todas estas cosas, nuestra victoria es absoluta por medio de Cristo, quien nos amó. Y estoy convencido de que nada podrá jamás separarnos del amor de Dios. Ni la muerte ni la vida, ni ángeles ni demonios, ni nuestros temores de hoy ni nuestras preocupaciones de mañana. Ni siquiera los poderes del infierno pueden separarnos del amor de Dios. Ningún poder en las alturas ni en las profundidades, de hecho, nada en toda la creación podrá jamás separarnos del amor de Dios, que está revelado en Cristo Jesús nuestro SEÑOR. *Romanos 8:35–39*

Pero Dios es tan rico en misericordia y nos amó tanto que, a pesar de que estábamos muertos por causa de nuestros pecados, nos dio vida cuando levantó a Cristo de los muertos (¡Es solo por la gracia de Dios que ustedes han sido salvados!). *Efesios 2:4–5*

Preguntas para Reflexionar

1. ¿Cómo afecta tu visión del amor de Dios entender que Él te amó primero, incluso antes de que lo conocieras?

2. ¿Por qué crees que es importante expresar tu amor hacia Dios?

3. ¿Cómo describirías el amor de Dios hacia ti? ¿Cómo ha cambiado esa comprensión con el tiempo?

Día 30

Me ha sorprendido siempre la cantidad de canciones, películas, poemas y libros que giran en torno al tema del amor. Dondequiera que mires, la gente está hablando de amor, cantando sobre amor y escribiendo sobre amor. En términos de impacto e importancia, no puedo pensar en ningún otro tema o emoción que se acerque siquiera en popularidad.

Sin embargo, esto no debería ser una sorpresa. Juan escribió: "Dios es amor" (1 Juan 4:8, 16), y fuimos creados a su imagen. Por lo tanto, el amor es algo natural y divino. Nos conecta con Dios, y cuando amamos, revelamos a Dios.

Cuando le preguntaron cuál es el mandamiento más grande, Jesús respondió en Mateo 22:37-39: "'Ama al Señor tu Dios con todo tu corazón, con toda tu alma y con toda tu mente'. Este es el primero y el más grande de los mandamientos. Y el segundo es igualmente importante: 'Ama a tu prójimo como a ti mismo'".

Observa lo completo y holístico del primer mandamiento: "con todo tu corazón, con toda tu alma y con toda tu mente". Dios desea una relación íntima y amorosa contigo que vaya más allá de simples palabras o rituales y se extienda al núcleo de tu ser. Por eso, la oración "Jesús, te amo" tiene tanto poder. Estas palabras expresan que tu vida entera se entrega en amor y confianza a Él.

El hecho de que Jesús resumiera todos los mandamientos bajo estas dos cosas: amar a Dios y amar a los demás, es muy revelador. El amor parece estar en el centro de nuestro ser y de nuestras conexiones. El amor no es solo un detalle periférico, un lujo o un pensamiento agradable. Es esencial para nuestra salud y bienestar. El amor, al igual que la gratitud, desencadena la liberación de hormonas importantes como la serotonina, que desempeña un papel crucial en estabilizar nuestro estado de ánimo, promover un sentido de bienestar y felicidad, y afectar positivamente nuestro sueño, alimentación y digestión. Fuiste creado con una necesidad física, mental y emocional de habitar en el amor.

Esta mañana, tómate un tiempo para hacer del amor el foco de tus oraciones. Primero, reflexiona sobre el amor de Dios hacia ti. Luego, considera tu amor hacia Dios y hacia los demás. Permite que la presencia de Dios (¡quien es amor, recuerda!) te impregne con su corazón. Ora, "Jesús, te amo", y permite que una expresión mutua de amor de Dios y hacia Dios tome el centro del escenario en tu vida.

Lectura Bíblica

Sácianos cada mañana con tu amor inagotable,
para que cantemos de alegría hasta el final de nuestra vida.
Salmo 90:14

Hazme oír cada mañana acerca de tu amor inagotable,
porque en ti confío.
Muéstrame por dónde debo andar,
porque a ti me entrego.
Salmo 143:8

Pues Dios amó tanto al mundo que dio a su único Hijo, para que todo el que crea en él no se pierda, sino que tenga vida eterna. *Juan 3:16*

"Ama al Señor tu Dios con todo tu corazón, con toda tu alma y con toda tu mente". Este es el primer mandamiento y el más importante. Hay un segundo mandamiento que es igualmente importante: "Ama a tu prójimo como a ti mismo". Toda la ley y las exigencias de los profetas se basan en estos dos mandamientos.
Mateo 22:37–40

Preguntas para Reflexionar

1. ¿Cómo afecta tu comprensión de que fuiste creado intencionalmente a imagen de un Dios amoroso a tu percepción del amor mismo?

2. ¿Cómo describirías tu amor por Dios? ¿Hay maneras en las que te gustaría que ese amor creciera?

3. ¿Cómo puedes compartir amor con Dios y sentir Su amor por ti?

Día 31

El resultado natural de amar a Dios es amar a otras personas. ¿Por qué? Porque Dios también los ama. Y si Dios nos ama a cada uno de nosotros, todos deberíamos amarnos mutuamente. Por lo tanto, la simple oración "Jesús, te amo" debería llevar a una oración similar: "Jesús, ayúdame a amar como tú lo haces".

A lo largo de tu día, probablemente te encontrarás con al menos un par de personas que no son fáciles de amar. Esta oración refleja tu deseo de interactuar con los demás como lo hizo Jesús, demostrándoles el amor de Dios. Es un reconocimiento de que necesitas a Dios, que es amor, para convertirte en un recipiente de amor, llevando Su esencia a aquellos a quienes encuentras.

Jesús les dijo a sus discípulos: "Este es mi mandamiento: Ámense los unos a los otros de la misma manera en que los he amado. No hay amor más grande que dar la vida por los amigos" (Juan 15:12-13). En otra ocasión, les dijo: "Así que ahora les doy un nuevo mandamiento: ámense unos a otros. Tal como yo los he amado, ustedes deben amarse unos a otros. El amor que tengan unos por otros será la prueba ante el mundo de que son mis discípulos" (Juan 13:34-35).

Cuando te acercas a Dios cada mañana, no te sorprendas si pone en tu corazón a personas que necesitan Su amor. Pueden ser personas por las que debas orar, o pueden ser personas a las que podrías acercarte durante el día para mostrarles el amor de Dios. Ya vimos que Dios nos amó antes de que incluso lo conociéramos. De la misma manera, deja que tu amor hacia los demás sea incondicional. Todos necesitan amor, y puedes compartir Su amor con quienes te rodean todos los días.

Si necesitas un modelo para este tipo de amor, lee 1 Corintios 13. El amor es paciente y amable. No es celoso, jactancioso, orgulloso o grosero. No exige su propio camino, no se irrita y no guarda rencor. Nunca se rinde ni pierde la fe. Es más grande que todo y perdura para siempre.

Cuando oras "ayúdame a amar como tú lo haces", el corazón de Dios se vuelve tuyo y Su amor comienza a fluir de ti. Él te llena con Su amor, y eso te equipa para rebosar de amor hacia los demás. Hay una asociación divina en juego: cuanto más encuentres y abraces Su amor, más naturalmente se expresará mientras sirves, das, abrazas y bendices a quienes te rodean. No tienes que ser perfecto en ello. Crecer en el amor es un proceso. Sigue llenándote del amor de Dios y deja que ese amor fluya de ti mientras pasas por el día.

Lectura Bíblica

Así que ahora les doy un nuevo mandamiento: ámense unos a otros. Tal como yo los he amado, ustedes deben amarse unos a otros. El amor que tengan unos por otros será la prueba ante el mundo de que son mis discípulos. *Juan 13:34-35*

Este es mi mandamiento: ámense los unos a los otros de la misma manera en que los he amado. No hay amor más grande que dar la vida por los amigos.
Juan 15:12-13

Queridos amigos, sigamos amándonos unos a otros, porque el amor viene de Dios. Todo el que ama es un hijo de Dios y conoce a Dios. *1 Juan 4:7*

El amor es paciente y bondadoso. El amor no es celoso ni fanfarrón ni orgulloso, ni ofensivo. No exige que las cosas se hagan a su manera. No se irrita ni lleva un registro de las ofensas recibidas. No se alegra de la injusticia, sino que se alegra cuando la verdad triunfa. El amor nunca se da por vencido, jamás pierde la fe, siempre tiene esperanzas y se mantiene firme en toda circunstancia. *1 Corintios 13:4-7*

Preguntas para Reflexionar

1. ¿Qué significa para ti personalmente amar a las personas de la manera en que Jesús ama?

2. ¿Puedes recordar un momento en el que mostraste el amor de Dios a alguien? ¿Cuál fue el resultado?

3. ¿Hay personas en tu vida que son difíciles de amar? ¿Cómo podría ayudarte sumergirte en el amor de Dios con esas personas?

Día 32

Imagina una taza llena hasta el borde y luego llevada a través de la habitación; inevitablemente, se derrama. Ahora, imagina estar tan saturado con el amor de Dios que naturalmente se derrama hacia los demás. El amor no está destinado a ser acumulado; está destinado a ser compartido. Cuando rebosamos con el amor de Dios, debe encontrar expresión. Debe salpicar. Debe desbordarse.

Mientras continuamos explorando la sencilla oración "Jesús, te amo" y la oración relacionada "Jesús, ayúdame a amar como tú lo haces", te invito a imaginarte como una taza que se llena con el amor de Dios. Él tiene un propósito diario para ti: amar a los demás con Su amor. Como ya vimos, el amor es el mandamiento más grande; por lo tanto, el amor es el llamado de Dios para ti cada día. Sin embargo, esto no es algo que tengas que crear por ti mismo.

Al acercarte a Él y recibir de Él, Su amor te llena. Sin embargo, hay barreras que pueden obstruir el flujo del amor. Estas incluyen cosas como el miedo, la ansiedad, los arrepentimientos, las tentaciones, las dudas y la ira. Si encuentras que es difícil actuar con amor, vuelve a Dios y entrégale una vez más. Ora: "Señor, algo está bloqueando el flujo. Sea lo que sea que esté causando este bloqueo, te lo entrego. Ayúdame a amar como tú lo haces". Permite que el Espíritu Santo revele cualquier obstrucción potencial a Su flujo a través de ti.

Tu estado natural es tener amor fluyendo a través de ti.

Mientras oras esta mañana, mírate como un recipiente y un canal de Su corazón: alguien digno de amor, capaz de amar y llamado a amar.

Lectura Bíblica

No deban nada a nadie, excepto el deber de amarse unos a otros. Si aman a su prójimo, cumplen con las exigencias de la ley de Dios. *Romanos 13:8*

Han oído la ley que dice: "Ama a tu prójimo" y "odia a tu enemigo". Pero yo digo: ¡ama a tus enemigos! ¡Ora por los que te persiguen! De esa manera, estarás actuando como verdadero hijo de tu Padre que está en el cielo. Pues él da la luz de su sol tanto a los malos como a los buenos y envía la lluvia sobre los justos y los injustos por igual. Si solo amas a quienes te aman, ¿qué recompensa hay por eso? Hasta los corruptos cobradores de impuestos hacen lo mismo. Si eres amable solo con tus amigos, ¿en qué te diferencias de cualquier otro? Hasta los paganos hacen lo mismo. Pero tú debes ser perfecto, así como tu Padre en el cielo es perfecto. *Mateo 5:43–48*

No hay amor más grande que dar la vida por los amigos. *Juan 15:13*

Preguntas para Reflexionar

1. ¿Te ves a ti mismo como completamente amado y aceptado por Dios sin sentir la necesidad de probar tu valía? ¿Cómo podrías crecer en tu conciencia del amor incondicional de Dios?

2. ¿Hay algo en tu vida que esté bloqueando o ralentizando el flujo del amor de Dios a través de ti? Si es así, ¿qué podrías hacer para abordarlo?

3. ¿A quién podrías demostrarle amor hoy? Enumera a tres personas y luego anota una manera específica y tangible en que podrías ser un canal del amor de Dios para cada uno de ellos hoy.

Día 33

Hoy me gustaría explorar otra oración sencilla: "Jesús, perdóname". Para algunas personas, la palabra perdón es incómoda o dolorosa porque la asocian con el fracaso y la vergüenza. Sin embargo, el perdón no se trata de avergonzarte: se trata de sanarte y liberarte.

Jesús dijo: "Dios no envió a su Hijo al mundo para condenar al mundo, sino para salvarlo por medio de él" (Juan 3:17). Con demasiada frecuencia, dejamos que nuestros errores generen autocondenación. Pero ese no es el objetivo de Dios, ni es su forma de motivarnos a cambiar.

La palabra "salvar" en este verso significa rescatar, liberar o ayudar. Dios no está buscando castigarte o hacerte sentir como un fracaso por los errores que has cometido, sino más bien rescatarte. Por eso, una oración pidiendo perdón trae sanidad y libertad. La Biblia dice: "Si confesamos nuestros pecados, él es fiel y justo para perdonarnos nuestros pecados y limpiarnos de toda maldad" (1 Juan 1:9).

La confesión debería ser una práctica diaria porque evita que algo se interponga entre tú y Dios. Cuando Jesús enseñó a sus discípulos la oración que ahora llamamos el Padrenuestro, una de las cosas que les instruyó a orar fue "perdónanos nuestros pecados" (Lucas 11:4). Reconocía que, debido a nuestra naturaleza humana, cometemos errores y mantenemos actitudes equivocadas de manera regular, lo que significa que necesitamos buscar el perdón de Dios por esas cosas todos los días.

El punto no es suplicar a Dios que te perdone en contra de Su voluntad. Recuerda, en Jesús, tus pecados son perdonados. La gracia de Dios es infinita y constante. La oración "perdóname" se trata de que reconozcas tus errores y regreses a Dios. El pecado oculto y no confesado te envenena desde adentro. Crece y se propaga como un cáncer. Cuando abres tu corazón a Dios, permites que Su poder sanador te limpie y transforme. Reconoces que deseas vivir de manera diferente y le pides Su gracia para tomar decisiones mejores en el futuro.

Mientras pasas tiempo a solas con el Señor esta mañana, permítele examinar tu corazón y ver si hay algo de lo que necesitas arrepentirte y apartarte. Examina tus actitudes, acciones, palabras, relaciones, finanzas; no retengas ninguna área de la presencia del Espíritu Santo. Si has cometido errores o estás viviendo de una manera que sabes que no es sabia ni agradable a Dios, ora: "Jesús, perdóname". Es el camino más rápido de regreso a la paz, al amor y a la alegría.

Lectura Bíblica

Pues Dios amó tanto al mundo que dio a su único Hijo, para que todo el que crea en él no se pierda, sino que tenga vida eterna. Dios no envió a su Hijo al mundo para condenar al mundo, sino para salvarlo por medio de él. *Juan 3:16-17*

Si vivimos en la luz, así como Dios está en la luz, entonces tenemos comunión unos con otros, y la sangre de Jesús, su Hijo, nos limpia de todo pecado. Si afirmamos que no tenemos pecado, lo único que hacemos es engañarnos a nosotros mismos y no vivimos en la verdad; pero si confesamos nuestros pecados a Dios, él es fiel y justo para perdonarnos nuestros pecados y limpiarnos de toda maldad. Si afirmamos que no hemos pecado, llamamos a Dios mentiroso y demostramos que no hay lugar para su palabra en nuestro corazón. *1 Juan 1:7-10*

Jesús dijo: "Deberían orar de la siguiente manera: 'Padre, que siempre sea santificado tu nombre. Que tu reino venga pronto. Danos cada día el alimento que necesitamos y perdónanos nuestros pecados, así como nosotros perdonamos a los que pecan contra nosotros. Y no permitas que cedamos ante la tentación." *Lucas 11:2-4*

Preguntas para Reflexionar

1. ¿Qué significa para ti la palabra "perdón"?

2. ¿Cómo te brinda el perdón de Dios sanidad y libertad?

3. ¿Hay áreas o acciones por las que necesitas pedirle a Dios perdón? ¿Cuáles son y estás dispuesto a entregárselas y comenzar a hacer cambios positivos?

Día 34

La sencilla oración "Jesús, perdóname" es algo que puedes orar siempre que te encuentres desviándote del camino que fuiste creado para seguir. Esto se trata de sanación y libertad, no de vergüenza, control o auto-rechazo. En la Biblia, especialmente en las enseñanzas de Jesús, el perdón de Dios estaba directamente vinculado a nuestro perdón hacia los demás. Dios nos perdona libremente, y espera que también perdonemos libremente a aquellos que nos ofenden. Es por eso que Jesús enseñó a sus discípulos a orar: "perdónanos nuestros pecados, así como nosotros perdonamos a los que pecan contra nosotros" (Lucas 11:4).

Recibir el perdón de Dios debería ser un hábito diario, al igual que perdonar a otras personas. Ambos van de la mano. Él nos ofrece su misericordia, y nosotros, a su vez, la ofrecemos a los demás.

Hace años, alguien hizo un comentario que me hirió. En lugar de lidiar con eso y dejarlo ir, permití que la ofensa echara raíces en mi corazón. Lo que comenzó como una molestia menor se convirtió en un dolor profundo y en amargura, y me encontré genuinamente sintiendo antipatía por esta persona.

Tres años después, estaba en una reunión donde esta persona estaba presente, junto con otra a la que también le guardaba rencor por otra razón. Todo el grupo estaba a punto de tomar la comunión, pero la voz del Señor resonó claramente dentro de mí. Dijo: "No puedes participar en la comunión porque albergas una ofensa en tu corazón". Sabía que el Señor quería que buscara su perdón en ese mismo momento. Luché con eso, inseguro de cómo proceder y preocupado por lo que otros podrían pensar.

Me di cuenta de que el Espíritu Santo me guiaba hacia la libertad, y obedecí su mandato. Abrí mi corazón y confesé ante la sala que había sentido animosidad hacia dos personas. Me disculpé públicamente. El poder de la cruz y la gracia de Dios se manifestaron en esa habitación, y la ofensa que había consumido mis pensamientos y atado mi corazón durante tres años se desvaneció en un instante. Los dos hombres me pidieron disculpas amablemente, aunque yo no estaba buscando eso y solo intentaba pedir perdón por mi propia actitud. Nuestra amistad se restauró, y seguimos siendo amigos hasta el día de hoy, treinta y cinco años después.

Nunca olvidé la lección de que el perdón conduce a la libertad. Te invito a descubrir lo mismo. Si estás albergando ofensas o amarguras, acude a Jesús. Recibe su perdón, luego permite que su misericordia fluya a través de ti hacia los demás. Así como has sido perdonado, perdona a los demás. La alegría, la paz y la libertad te esperan al otro lado.

Lectura Bíblica

Y perdónanos nuestros pecados, así como nosotros perdonamos a los que pecan contra nosotros. Y no permitas que cedamos ante la tentación. *Lucas 11:4*

Y cuando estéis orando, perdonad, si tenéis algo contra alguno, para que también vuestro Padre que está en los cielos os perdone a vosotros vuestras ofensas. Porque si vosotros no perdonáis, tampoco vuestro Padre que está en los cielos os perdonará vuestras ofensas.
Marcos 11:25-26 (RV60)

Pero si te niegas a perdonar a los demás, tu Padre no perdonará tus pecados. *Mateo 6:15*

Sean comprensivos con las faltas de los demás y perdonen a todo el que los ofenda. Recuerden que el Señor los perdonó a ustedes, así que ustedes deben perdonar a otros. *Colosenses 3:13*

Por el contrario, sean amables unos con otros, sean de buen corazón, y perdónense unos a otros, tal como Dios los ha perdonado a ustedes por medio de Cristo.
Efesios 4:32

Preguntas para Reflexionar

1. ¿Alguna vez has experimentado una situación en la que la falta de perdón persistía en tu corazón? ¿Cómo te afectó a ti y a tus relaciones?

2. ¿Cómo proporciona Dios la gracia necesaria tanto para dar como para recibir perdón?

3. ¿Hay alguien a quien necesitas perdonar? ¿Quién y por qué? ¿Estás dispuesto a perdonarle en este momento?

Día 35

A medida que nos adentramos en la etapa final del Viaje de 40 Días, la última oración simple que vamos a explorar es esta: "Jesús, dame sabiduría y guía". ¡Esto es algo que oro diariamente, si no cada hora!

La vida puede ser tan confusa en ocasiones. A menudo, nuestra ansiedad surge al intentar controlar o prever el futuro, lo cual es un esfuerzo inútil. Debemos ser lo más responsables posible, pero en última instancia, Dios es Aquel que tiene el futuro en Sus manos. Necesitamos dirección divina con regularidad para tomar decisiones sabias y llenas de fe. Como dice Proverbios 3:5-6: "Confía en el Señor con todo tu corazón; no dependas de tu propio entendimiento. Busca su voluntad en todo lo que hagas, y él te mostrará cuál camino tomar".

Por eso, tus mañanas dedicadas al Señor son invaluables. Comenzar tu día rindiéndote a Él te ayuda a procesar y controlar tus preocupaciones sobre el futuro. Dios tiene un camino para que lo sigas, y al confiar y buscarlo, Él te lo revela.

El camino de Dios conduce a la paz. Vale la pena meditar en esto. Cuando recuerdas que el futuro está firmemente en Sus manos y que puedes confiar en Él para guiarte por el camino correcto, encuentras descanso y paz. Nuevamente, debes ser responsable, hacer planes y trabajar duro. También hay gozo y paz en eso. Pero no tienes que cargar con el peso del futuro. No tienes que preocuparte por cada escenario posible ni estresarte por tu incapacidad para preverlo y controlarlo todo. En cambio, puedes confiar en Dios, buscar Su voluntad y caminar por el camino que Él te establece, sabiendo que incluso si tomas un rumbo equivocado o tropiezas en el camino, Él estará contigo, guiándote continuamente.

Al orar esta mañana, busca la sabiduría y dirección de Dios. Pídele que te guíe por Su camino y te conduzca a Su paz. Jeremías 29:11 dice famosamente que los planes de Dios "son planes para lo bueno y no para lo malo, para darles un futuro y una esperanza". No sabes qué depara el futuro, pero conoces a Aquel que tiene el futuro en Sus manos. Sus planes para ti son buenos, y nada puede impedir que se cumplan.

Lectura Bíblica

Confía en el SEÑOR con todo tu corazón;
no dependas de tu propio entendimiento.
Busca su voluntad en todo lo que hagas,
y él te mostrará cuál camino tomar.
Proverbios 3:5-6

Podemos hacer nuestros planes,
pero el SEÑOR determina nuestros pasos.
Proverbios 16:9

Tu palabra es una lámpara que guía mis pies
y una luz para mi camino.
Salmo 119:105

Pues yo sé los planes que tengo para ustedes —dice el
SEÑOR—. Son planes para lo bueno y no para lo malo, para
darles un futuro y una esperanza. *Jeremías 29:11*

Preguntas para Reflexionar

1. ¿Puedes recordar un momento en el que te sentiste ansioso acerca de una decisión y recurriste a Dios en busca de orientación? ¿Qué sucedió?

2. ¿Cómo te ayuda saber que Dios tiene buenos planes para tu vida a tener paz en medio de la confusión de la vida?

3. ¿En qué áreas de tu vida necesitas la sabiduría y guía de Dios hoy? ¿Lo estás buscando y confiando en Él en esas áreas?

Día 36

Si alguna vez has conducido por un camino de campo con niebla, probablemente te hayas dado cuenta muy rápidamente de que necesitas mantener la vista fija en las marcas del carril pintadas en el camino. No puedes ver lo que estaba por delante, pero esas líneas en el centro y a lo largo del borde te impiden desviarte hacia un lado u otro mientras das curvas inesperadas y subes colinas invisibles.

De la misma manera, fijar tus ojos en Jesús es la mejor manera de navegar por las curvas y colinas de la vida. Hebreos 12:1-2 (NVI) dice: "... corramos con perseverancia la carrera que tenemos por delante. Fijemos la mirada en Jesús, el iniciador y perfeccionador de nuestra fe". Correr es una metáfora de la vida, al igual que conducir por un camino con niebla. Mientras corres tu carrera, mantén tus ojos en Jesús. Míralo, escúchalo, aprende de Él. Aparta la mirada de todo lo demás y enfoca tu vista en Jesús.

La sencilla oración "Jesús, dame sabiduría y guía" se trata de fijar nuestros ojos en Jesús. Se trata de sintonizar Su voz. A menudo imagino este proceso como girar el dial de una radio hasta encontrar la estación que estás buscando. No estoy seguro de que alguien todavía lo haga porque todo es electrónico, pero espero que puedas imaginarlo. Debes girar el dial lentamente y con cuidado hasta que la señal esté clara. Si lo giras demasiado rápido, te la saltarás. Cuando estoy orando, enfoco mi atención en Dios lenta y deliberadamente, escuchando atentamente Su voz.

¿Qué sabiduría necesitas de Dios hoy? ¿Qué áreas

requieren dirección divina? ¿Qué preguntas llenan tu corazón y qué respuestas estás buscando? No te apresures a entrar en tu día. No dejes que tu mirada sea cautivada por una lista de tareas, las noticias, redes sociales o las facturas que tienes que pagar. En cambio, sintoniza la voz de Jesús. Fija tus ojos en Él y permítele hablarte. Él está allí, listo para darte la sabiduría que necesitas. Solo tienes que pedirlo con fe y escuchar la respuesta.

Lectura Bíblica

Por tanto, también nosotros que estamos rodeados de una nube tan grande de testigos, despojémonos de todo peso y del pecado que nos asedia y corramos con perseverancia la carrera que tenemos por delante. Fijemos la mirada en Jesús, el iniciador y perfeccionador de nuestra fe, quien por el gozo que le esperaba, soportó la cruz, menospreciando la vergüenza que ella significaba, y ahora está sentado a la derecha del trono de Dios. *Hebreos 12:1-2 (NVI)*

Pues así como los cielos están más altos que la tierra, así mis caminos están más altos que sus caminos y mis pensamientos, más altos que sus pensamientos.
Isaías 55:9

Mis ovejas escuchan mi voz; yo las conozco, y ellas me siguen.
Juan 10:27

Preguntas para Reflexionar

1. ¿Qué significa para ti personalmente la frase "fijar los ojos en Jesús"?

2. En un nivel práctico, ¿cómo podrías "sintonizarte" con la voz de Jesús esta mañana?

3. ¿Qué crees que Jesús te está diciendo hoy?

Día 37

Dios se deleita en escuchar los deseos de nuestros corazones, y quiere que depositemos todas nuestras preocupaciones en Él. Cuando tenemos inquietudes en nuestra mente, como la familia, la salud, el trabajo, las relaciones y las tareas por realizar, debemos presentar esas cosas al Señor en oración. Sin embargo, hay una solicitud que es fácil pasar por alto pero que a menudo es la más importante de todas: la sabiduría.

Según el libro de Proverbios, "La sabiduría es más preciosa que los rubíes; nada de lo que desees puede compararse con ella." (3:15). Cuanto más envejezco, más me doy cuenta de que la sabiduría realmente es más valiosa que muchas de las metas que llenan nuestras agendas. He aprendido que orar, "Jesús, dame sabiduría y guía", es una de las mejores cosas que puedo hacer.

¿Ves la sabiduría de esta manera? ¿La buscas, la solicitas y la escuchas? En tu jornada diaria a través de las inesperadas curvas de la vida, a veces te encontrarás perdido, sin saber qué camino tomar. En esos momentos, es bueno reconocer que no tienes todas las respuestas. Esa es humildad. Haz una pausa, dirígete a Dios y pídele sinceramente Su dirección.

Me encanta la promesa que nos dio el apóstol Santiago. "Si necesitan sabiduría, pídansela a nuestro generoso Dios, y él se la dará; no los reprenderá por pedirla." (Santiago 1:5). Dios quiere guiar tus pasos. No te avergonzará ni te rechazará por no saber qué hacer.

Uno de los muchos beneficios de pasar tiempo a solas con

el Señor por la mañana es que abre tu corazón a la sabiduría de Dios, que es la más valiosa de todas. Así que no solo ores por nuevos negocios, un mejor trabajo, salud o una cita este viernes (aunque esas cosas son importantes). Ora también por sabiduría. Haz de esto tu clamor sincero a Dios.

Esta mañana, al orar, di: "Jesús, dame sabiduría y guía", y haz un compromiso con Dios para valorar y buscar Su sabiduría. Si hay áreas específicas en tu vida donde necesitas dirección y orientación, tómate el tiempo para considerar esas cosas en la presencia de Dios. Estate atento a Su voz y escucha si Él comienza a darte nuevas ideas, creatividad y claridad.

Lectura Bíblica

Alegre es el que encuentra sabiduría,
el que adquiere entendimiento.
Pues la sabiduría da más ganancia que la plata
y su paga es mejor que el oro.
La sabiduría es más preciosa que los rubíes;
nada de lo que desees puede compararse con ella.
Con la mano derecha, te ofrece una larga vida;
con la izquierda, riquezas y honor.
Te guiará por sendas agradables;
todos sus caminos dan satisfacción.
 La sabiduría es un árbol de vida a los que la abrazan;
felices son los que se aferran a ella.
Proverbios 3:13–18

Podemos hacer nuestros planes,
pero el SEÑOR determina nuestros pasos.
Proverbios 16:9

Si necesitan sabiduría, pídansela a nuestro generoso Dios, y él
se la dará; no los reprenderá por pedirla. Cuando se la pidan,
asegúrense de que su fe sea solamente en Dios. *Santiago 1:5–6*

Preguntas para Reflexionar

1. ¿Le pides regularmente a Dios sabiduría y orientación? ¿Por qué o por qué no?

2. ¿Crees que Dios quiere impartirte sabiduría? ¿Cómo lo demuestras en tu vida?

3. ¿Qué pensamientos creativos y sabiduría divina te ha compartido Dios últimamente?

Día 38

Continuando con la sencilla oración "Jesús, dame sabiduría y guía", es importante reconocer que no solo buscamos la ayuda de Dios para hacer lo que ya está en nuestras mentes para hacer. También nos estamos abriendo a Sus pensamientos e ideas, que a menudo son diferentes de los nuestros. Como nos enseña la Biblia, Sus caminos sobrepasan los nuestros.

Parte de la sabiduría es discernir si nuestras ideas y pensamientos son de Dios o de alguna otra fuente. En Santiago 3, leemos acerca de la diferencia entre acciones motivadas por "la sabiduría que viene del cielo" y aquellas motivadas por celos y egoísmo, que son "terrenales, sensuales y demoníacas" (versículos 15, 17). Santiago estaba diciendo que es esencial comparar nuestros deseos e ideas con el carácter y la voluntad de Dios para determinar si estamos siendo guiados por Él o si estamos siguiendo un camino egoísta.

Santiago describe la sabiduría celestial de esta manera: "Sin embargo, la sabiduría que proviene del cielo es, ante todo, pura y también ama la paz; siempre es amable y dispuesta a ceder ante los demás. Está llena de compasión y del fruto de buenas acciones. No muestra favoritismo y siempre es sincera" (versículo 17). Mientras oras y escuchas a Dios, y luego pasas por tu día, ten en cuenta esta lista. Compara tus ideas, deseos y metas con este estándar.

A menudo, decisiones imprudentes provienen de cosas como el miedo, la codicia, la prisa, la impulsividad, perspectivas equivocadas e inmadurez. Nadie está exento de estas cosas, por eso es importante buscar la sabiduría de Dios cada día en la oración. Recuerda, Él quiere que pidas sabiduría y promete otorgarla generosamente.

Así como el rey Salomón buscó sabiduría y conocimiento para liderar a su pueblo, tu petición de sabiduría complace al Señor. Salomón se hizo famoso como el hombre más sabio de la tierra, ilustrando el poder transformador de la sabiduría de Dios. Todo lo que necesitas hacer es pedir, escuchar y obedecer.

Lectura Bíblica

Si ustedes son sabios y entienden los caminos de Dios, demuéstrenlo viviendo una vida honesta y haciendo buenas acciones con la humildad que proviene de la sabiduría; pero si tienen envidias amargas y ambiciones egoístas en el corazón, no encubran la verdad con jactancias y mentiras. Pues la envidia y el egoísmo no forman parte de la sabiduría que proviene de Dios. Dichas cosas son terrenales, puramente humanas y demoníacas. Pues, donde hay envidias y ambiciones egoístas, también habrá desorden y toda clase de maldad. Sin embargo, la sabiduría que proviene del cielo es, ante todo, pura y también ama la paz; siempre es amable y dispuesta a ceder ante los demás. Está llena de compasión y del fruto de buenas acciones. No muestra favoritismo y siempre es sincera. Y los que procuran la paz sembrarán semillas de paz y recogerán una cosecha de justicia. *Santiago 3:13–18*

"Porque mis pensamientos no son como los tuyos, ni tus caminos son como los míos", dice el Señor. "Tanto como los cielos son más altos que la tierra, así son mis caminos más altos que los tuyos y mis pensamientos más altos que los tuyos". *Isaías 55:8–9*

¡Pues el Señor concede sabiduría!
De su boca vienen el conocimiento y la comprensión.
Proverbios 2:6

Preguntas para Reflexionar

1. ¿Estás abierto a recibir nuevas ideas de Dios? En términos prácticos, ¿cómo buscas esas ideas?

2. ¿Alguna vez has tenido una idea que insististe en perseguir, solo para descubrir más tarde que no estaba motivada por las cosas correctas y no era una "idea de Dios"? ¿Qué sucedió?

3. ¿Cómo puedes evaluar tus pensamientos, metas e ideas para ver si están alineados con la sabiduría de Dios?

Día 39

Hoy vamos a repasar las oraciones sencillas que hemos explorado. Recuerda, estas son también modelos de oraciones. Son puntos de inicio para la conversación que puedes usar en tus mañanas y a lo largo del día. Ya sea que utilices estas oraciones u otras de tu elección, los quince minutos a solas con Dios están destinados a fortalecer tu fe, acercarte a Dios y ayudarte a navegar por los desafíos y alegrías de la vida.

"Jesús, cedo mi voluntad a la tuya."
Esta es una oración de entrega total. Estás entregando tu ser entero a Dios: corazón, alma, mente, voluntad, emociones y acciones. La entrega es el camino hacia la apertura, y la apertura lleva a la transformación.

"Jesús, dame tu paz."
Esta es una oración por la paz perfecta de Dios, una paz que sobrepasa el entendimiento y que guarda tu corazón y mente. Esta paz no es como cualquier cosa que el mundo pueda dar, y puedes experimentarla en cualquier circunstancia acercándote a Dios.

"Jesús, confío en ti."
Esta oración trata de depender de la fuerza, presencia y sabiduría de Dios, no solo de la tuya. Es una liberación del control y la autosuficiencia, y conduce a un verdadero descanso.

"Jesús, te necesito."

En esta oración, expresas tu deseo de la presencia de Dios y le confías todas tus preocupaciones, ansiedades y necesidades, sabiendo que a Él le importas.

"Jesús, gracias."

La gratitud mantiene tu corazón abierto y conectado a Dios, y te ayuda a navegar por pensamientos y emociones negativas al recordarte que Dios obra todas las cosas juntas para bien.

"Jesús, te amo."

Esta es una oración de conexión y relación. Estás afirmando tu vínculo a nivel del corazón con Dios, primero para recibir su amor, luego para amarlo de vuelta y, finalmente, para cuidar a los demás con el amor que Él tiene por ellos.

"Jesús, perdóname."

Esta es una oración que trae sanidad y libertad al limpiar tu vida de cualquier cosa que obstaculice tu caminar con Dios o con otras personas. No se trata de vergüenza, sino de honestidad y el deseo de caminar en los senderos de Dios.

"Jesús, dame sabiduría y guía."

En esta oración, reconoces que los caminos de Dios son más altos que los tuyos, y le pides que dirija tus acciones y decisiones.

Esta mañana, ora a través de alguna o todas estas oraciones, según sientas la necesidad. Recuerda, tu tiempo de oración se trata de tu conexión con Dios. No se trata de completar una lista o marcar una casilla, sino de encontrarte con el Señor. Aprende a explorar este tiempo por ti mismo, orando según el liderazgo del Espíritu.

Lectura Bíblica

Ciertamente, yo soy la vid; ustedes son las ramas. Los que permanecen en mí y yo en ellos producirán mucho fruto porque, separados de mí, no pueden hacer nada. *Juan 15:5*

Confía en el Señor con todo tu corazón;
no dependas de tu propio entendimiento.
Busca su voluntad en todo lo que hagas,
y él te mostrará cuál camino tomar.
Proverbios 3:5–6

Amo al Señor porque escucha mi voz
y mi oración que pide misericordia.
Debido a que él se inclina para escuchar,
¡oraré mientras tenga aliento!
Salmo 116:1–2

Preguntas para Reflexionar

1. ¿Cómo han enriquecido estas simples oraciones tu
    fe y fortalecido tu conexión con Dios?

2. ¿Cuál es tu oración favorita y por qué?

3. ¿Qué otras oraciones has aprendido a orar en el
    camino?

Día 40

¡Felicidades por completar la Experiencia de Adoración de 40 Días de encuentro con el Señor! Durante los últimos cuarenta días, has dedicado quince minutos cada día para estar a solas con Dios, entregando tu voluntad a la suya y recibiendo su amor. Le diste a Dios tu atención inquebrantable, fijaste tu mirada en Jesús, pusiste tus afectos en las cosas celestiales, depositaste tus preocupaciones en Él y expresaste tu gratitud y alabanza.

Incluso si perdiste algunos días, probablemente dedicaste más tiempo a Dios de lo que podrías haber hecho de otra manera. Mi esperanza y oración son que estos momentos hayan encendido una nueva pasión en tu vida para encontrarte con Dios regularmente. ¡Él realmente espera que despiertes cada mañana para pasar tiempo contigo!

Al concluir este viaje, te animo a seguir encontrándote con el Señor durante los primeros quince minutos de cada día. Si te resulta útil, puedes seguir un plan de lectura bíblica o devocional. Si no, simplemente deja que el Espíritu Santo te guíe cada mañana. Hay mucho más por descubrir mientras profundizas en tu relación con Él. Estás en camino de formar un hábito significativo de pasar tiempo con Dios.

Esta mañana, te invito a darle gracias a Dios por lo que ha hecho en los últimos cuarenta días y a pedirle que continúe obrando en ti. Que este tiempo sea una celebración de tu relación mientras disfrutas de su amor y paz.

Lectura Bíblica

Me mostrarás el camino de la vida;
me concederás la alegría de tu presencia
y el placer de vivir contigo para siempre.
Salmo 16:11

Qué alegría para los que
no siguen el consejo de malos,
ni andan con pecadores,
ni se juntan con burlones,
sino que se deleitan en la ley del Señor
meditando en ella día y noche.
Son como árboles plantados a la orilla de un río,
que siempre dan fruto en su tiempo.
Sus hojas nunca se marchitan,
y prosperan en todo lo que hacen. *Salmo 1:1–3*

Pido en oración que, de sus gloriosos e inagotables recursos, los fortalezca con poder en el ser interior por medio de su Espíritu. Entonces Cristo habitará en el corazón de ustedes a medida que confíen en él. Echarán raíces profundas en el amor de Dios, y ellas los mantendrán fuertes. Espero que puedan comprender, como corresponde a todo el pueblo de Dios, cuán ancho, cuán largo, cuán alto y profundo es su amor. Es mi deseo que experimenten el amor de Cristo, aun cuando es demasiado grande para comprenderlo todo. Entonces serán completos con toda la plenitud de la vida y el poder que proviene de Dios.
Efesios 3:16–19

Preguntas para Reflexionar

1. ¿De qué maneras has experimentado la presencia y la guía de Dios durante estos 40 días? ¿Puedes recordar un momento o una lección específica que te haya dejado una impresión duradera?

2. Mirando hacia el futuro, ¿cómo planeas mantener y profundizar aún más tu conexión con Dios en los días, semanas y meses venideros?

3. ¿Estás dispuesto(a) a encontrarte con Dios cada mañana, comenzando mañana mismo?

Más por Dr. Mark Jones

Be with Jesus 365 (disponible en español como *Estar con Jesús 365*) es una invitación personal y sincera para descubrir la alegría de pasar tiempo con Dios de una manera natural y sin esfuerzo. Aprenderás cómo acercarte a Dios cada mañana utilizando la Experiencia de Adoración de 40 Días, un marco simple e intuitivo para experimentar una intimidad auténtica con Él. Disponible en ambos idiomas en formato de libro de bolsillo y libro electrónico en amazon.com y en otros minoristas.

Acerca del Autor

El Dr. Mark Jones es el pastor de oración en Mannahouse en Portland, Oregón. Mannahouse es una iglesia próspera y multi-sitio con influencia mundial de la cual Mark ha sido parte durante más de cuarenta años. Además de supervisar los ministerios de oración, ha dado clases de oración y evangelismo en el Portland Bible College y colabora en el liderazgo de Breakthrough, un programa de recuperación. Mark ama a la iglesia local y tiene pasión por ver a las personas desarrollar una relación vital con su Creador.

Mark realizó sus estudios universitarios en la Universidad Estatal de Oregón, donde obtuvo un título en ciencias. Luego se graduó de la Universidad de Ciencias de la Salud de Oregón con un D.M.D. y trabajó como dentista en el área de Portland durante treinta y seis años hasta su jubilación.

A Mark le gusta el ciclismo y otras actividades relacionadas con la salud y la forma física. Como buen nativo del noroeste, le encanta tomar una taza de café con amigos. Vive en Portland con su esposa Susan. Tienen cuatro hijos adultos y seis nietos (¡y contando!).

www.ingramcontent.com/pod-product-compliance
Lightning Source LLC
Chambersburg PA
CBHW061145040426
42445CB00013B/1560